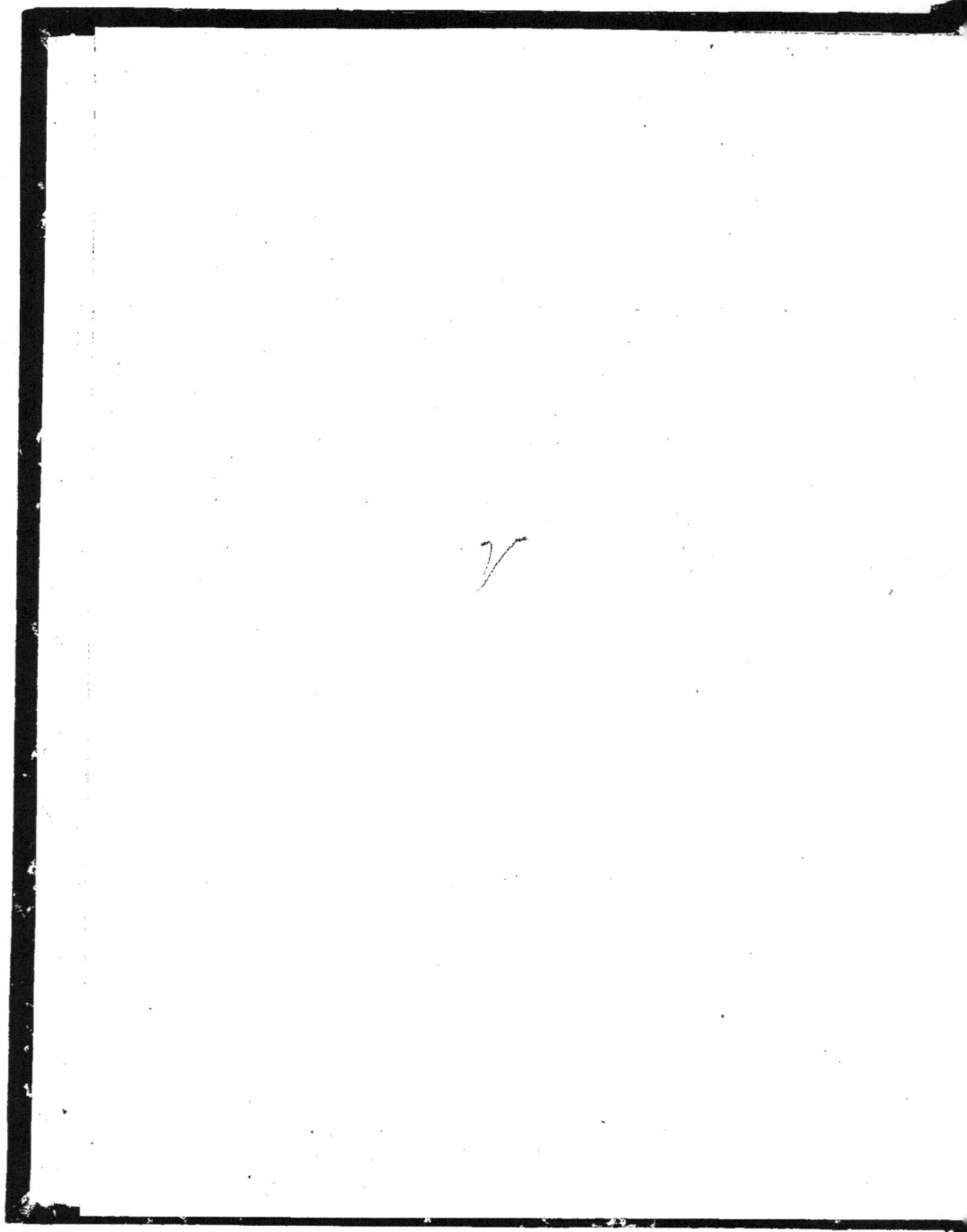

TRAITÉ

COMPLET ET RATIONNEL

DES

PRINCIPES ÉLÉMENTAIRES

DE LA MUSIQUE

IMPRIMERIE D'E. DUVERGER,

RUE DE VERNEUIL, 6.

TRAITÉ

COMPLET ET RATIONNEL

DES

PRINCIPES ÉLÉMENTAIRES

DE LA MUSIQUE

OU

INTRODUCTION A TOUTES LES MÉTHODES VOCALES

INSTRUMENTALES

ET A TOUS LES TRAITÉS D'HARMONIE

PAR E. BODIN

PROFESSEUR DE PIANO ET D'HARMONIE,
ANCIEN ÉLÈVE RÉPÉTITEUR DU CONSERVATOIRE DE PARIS.

Quod erat demonstrandum

PARIS

CHEZ L'AUTEUR, RUE SAINT-HONORÉ, 338

ET CHEZ LES ÉDITEURS DE MUSIQUE

1850

PRÉFACE.

Toutes les méthodes de musique, vocale et instrumentale, sont précédées d'un exposé des principes élémentaires. Mais ces opuscules sont rédigés en général avec une telle négligence et une si complète absence de logique qu'ils sont souvent plus dangereux qu'utiles, et plus capables de fausser le jugement que d'éclairer sur le sujet qu'ils se proposent d'enseigner. On a, avec juste raison, reproché aux artistes de ne voir des beautés que dans leur art, et de n'éprouver que de l'indifférence pour les autres connaissances humaines. Ils ont en partage le sentiment et l'imagination, et ils pensent que ces facultés leur suffisent, puisque par elles seules ils peuvent produire des chefs-d'œuvre. Cette assertion est fort contestable, mais en l'admettant comme vraie pour l'artiste compositeur elle cesse certainement de l'être pour l'artiste professeur. Le professeur tient plus du savant que de l'artiste : ce n'est pas l'inspiration qui le dirige, c'est la raison et la réflexion. Le professeur est essentiellement observateur; plus il est éclairé, plus il est capable. Les connaissances qu'il doit posséder dans les sciences étrangères à son art lui apportent de nouvelles lumières et le mettent dans des conditions meilleures pour enseigner : s'il a beaucoup appris, il sait mieux se faire comprendre. Parmi les méthodes qu'il a eu occasion d'étudier, il a dû en rencontrer d'excellentes qu'il peut appliquer à son objet autant que la différence des matières le permet. Dans ses explications, dans ses démonstrations, il doit employer le langage rigoureux des sciences, afin que son auditeur ou son lecteur ne puisse pas se méprendre sur sa pensée. Enfin, il doit repousser loin de lui toute habitude routinière, savoir se mettre à la portée de toutes les intelligences, et s'ingénier mille moyens pour aplanir la route à ses élèves. On voit que le professeur est presque un philosophe, un sage : l'artiste ne mérite pas toujours cette magnifique épithète. Il ne faut cependant pas conclure de ce que les artistes penseurs sont rares, que les musiciens n'aient pas rendu de grands services à la pratique de leur art. Nous possédons une multitude de recueils méthodiques dont un grand nombre renferment des pièces d'étude excellentes; mais la partie didactique est partout d'une extrême faiblesse. Cet état de choses a amené des résultats assez curieux sur lesquels il sera peut-être intéressant de s'arrêter un moment.

Des hommes instruits, après avoir fait de fortes études dans les sciences, ont eu, par suite de ce besoin de connaître, le désir d'apprendre la musique. Habitués à se servir des livres, ils ont ouvert les ouvrages élémentaires de la musique, mais ils ont été grandement surpris, eux qui ont bien pu apprendre dans des livres les mathématiques, la physique, la chimie, la médecine, de ne rien comprendre aux traités de musique. Ils en ont accusé ces ouvrages dans lesquels ils n'ont trouvé que des définitions douteuses, des explications peu intelligibles, et une absence presque totale d'ordre méthodique. Ils ont cependant essayé d'en saisir quelque chose, et aussitôt ils se sont mis eux-mêmes

à écrire des traités *ex professo;* déclarant que les musiciens sont
des hommes ineptes, que la musique est encore à l'état d'en-
fance, et qu'à eux seuls il appartient de la régénérer. Ces hardis
réformateurs devraient remarquer que, si les musiciens méri-
tent bien quelques reproches à certains égards, il faut néan-
moins reconnaître la puissance de leur enseignement, puisque
c'est par eux que nous possédons d'habiles exécutants, de
grands compositeurs, et des masses orchestrales et chorales qui
font l'admiration de l'Europe. N'importe, nos néo-musiciens
nient les faits les plus avérés, et affirment que tout est à faire :
notre notation a le grand avantage d'être exacte, ils la déclarent
absurde; elle est peut-être la plus prompte possible à la lecture,
ils la remplacent par une autre qui serait indéchiffrable surtout
à plusieurs parties. La mnémonique avec son cortége de calembours est pour eux un instrument puissant dont ils se servent
pour graver dans la mémoire des choses qui n'arrêtent pas les
plus jeunes enfants. Étrangers au mode d'enseignement de nos
bonnes écoles, ils ignorent que le solfége est une méthode qui
date de plusieurs siècles, et dont les maîtres obtiennent encore
les plus heureux succès; ils l'enseignent sous le nom de *mélo-
plaste,* mot nouveau qui désigne une méthode très imparfaite
de solmisation. Il ne faut qu'entendre les harmonies qu'ils donnent en exemple pour s'apercevoir qu'ils sont entièrement pri-
vés du sens qui constitue le musicien; enfin, en lisant leurs
volumineux ouvrages, on voit à quel point se fourvoient ceux
qui parlent de ce qu'ils ne connaissent pas. C'est comme si on
assistait à un cours d'optique tenu par un aveugle. Aussi ne
faut-il pas s'étonner si leurs pompeuses méthodes, proclamées
avec emphase dans toutes les villes de France depuis trente-cinq

ans, n'ont pas jusqu'ici produit un seul élève compositeur ou exécutant. Si nous sommes inondés de pareils ouvrages, la faute en est aux auteurs musiciens qui n'ont pas toujours su mettre dans les leurs la dialectique exigible dans les livres d'étude. C'est en cela que nous croyons que notre traité diffère de ceux qui l'ont précédé. Nous avons pris pour modèles les ouvrages élémentaires de mathématiques par la raison que notre sujet est une science exacte. Nous nous sommes efforcé d'être clair dans nos démonstrations, exact dans nos définitions; de ne jamais employer un terme qui n'ait été préalablement défini; de lier nos propositions de telle sorte que chacune soit la conséquence de celle qui la précède; en un mot, nous nous sommes appliqué à être fidèle au précepte : *aller du connu à l'inconnu.* S'il nous arrive quelquefois de faire la critique de nos devanciers, c'est dans l'unique but d'être utile à l'art. Ami de la vérité, ennemi de l'erreur, nous avons fait un travail de conscience ; le public le jugera.

INTRODUCTION

La *musique* est l'art de combiner et de rhythmer des sons d'une manière convenable à l'organisation de l'homme.

La succession de plusieurs sons frappés seuls forme la *mélodie*, c'est-à-dire le chant pur et simple. La réunion de plusieurs sons frappés ensemble se nomme *accord :* la succession de plusieurs accords forme l'*harmonie*. Ainsi, une personne qui chante seule ne peut faire que de la mélodie; deux ou plusieurs personnes qui chantent ensemble des parties différentes font de l'harmonie. Ajoutons que ces deux sortes de combinaisons sont toujours réunies, car le chant a besoin d'être accompagné par une harmonie plus ou moins riche pour produire un effet satisfaisant.

La musique se compose de deux éléments essentiels : le *son* et le *rhythme*. Elle ne peut être complète sans la réunion de ces deux parties. Des sons qui se succéderaient sans mesure, quoique pouvant être combinés à l'infini, ne produiraient qu'une musique insoutenable par sa monotonie; de même, malgré l'attention et l'intérêt qu'éveille en nous le rhythme, comme nous pouvons en juger par l'effet cadencé du tambour, il ne peut constituer à lui seul la musique.

Le but de cet art est d'émouvoir par les différentes combinaisons de la mélodie, de l'harmonie, et du rhythme.

Les *principes élémentaires* de la musique forment le premier degré de la science musicale; ils finissent où l'harmonie commence. Nous nous proposons dans cet ouvrage de traiter cette matière d'une ma-

Définition de la musique.

Mélodie.

Harmonie.

Éléments de la musique.

But de la musique.

Objet des principes élémentaires de la musique.

1

nière exacte et logique. Ce sujet se divise naturellement en trois parties qui formeront dans notre livre trois sections, savoir :

1re section. Des signes qui servent à écrire la musique.

2e section. Des sons comparés entre eux.

5e section. Du rhythme.

TRAITÉ

COMPLET ET RATIONNEL

DES

PRINCIPES ÉLÉMENTAIRES

DE LA MUSIQUE

PREMIÈRE SECTION

DES SIGNES QUI SERVENT A ÉCRIRE LA MUSIQUE.

CHAPITRE PREMIER

Des signes qui servent à indiquer l'intonation et la durée des sons.

§ 1. Les sons qu'on emploie dans la musique ont reçu les sept noms *ut, ré, mi, fa, sol, la, si* (1). Ces sons se représentent dans l'écri-

(1) On sait que les noms des notes *ut, ré, mi, fa, sol, la* sont tirés des paroles d'un hymne de saint Jean dans lequel ces six syllabes se trouvent par hasard placées sous les six premiers sons de la gamme. Le septième son ne se trouvant pas dans cet hymne n'a pas reçu de nom; c'est beaucoup plus tard qu'on l'a nommé *si*; mais il ne faut pas croire qu'il n'existait pas: il est aussi ancien que les autres sons, on n'en a inventé que le nom. Vers la moitié du dix-huitième siècle on a changé le nom *ut* en celui de *do* parce que cette syllabe est plus sonore. Cette raison est très mauvaise. « Il est bon, dit J.-J. Rousseau, de s'accoutumer à solfier par des syllabes sourdes, quand on n'en a guère de plus sonores à leur substituer dans le chant » Cette syllabe, qui prend faveur de plus en plus chez nous, a bien d'autres inconvénients dans notre langue; étant homonyme de *dos*, et de *dodo* lorsqu'elle est répétée, elle donne matière à une foule de calembours ridicules qui

ture musicale par des caractères ou *notes* qu'on place sur cinq lignes parallèles et horizontales, également distantes entre elles. La réunion de ces cinq lignes se nomme *portée*. Les lignes de la portée se comptent de bas en haut.

Portée.

EXEMPLE 1.

Signes d'intonation ou notes proprement dites.

Portée.

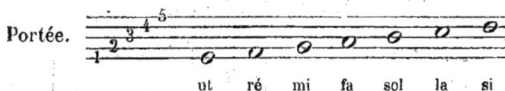

ut   ré   mi   fa   sol   la   si

Les différents degrés d'élévation dans la position des notes correspondent aux différents degrés d'élévation dans l'intonation des sons représentés. Ainsi, par l'exemple ci-dessus, on voit que les sons s'élèvent graduellement depuis l'*ut* jusqu'au *si*.

Valeurs.

§ 2. Pour indiquer la durée des sons on varie la figure des notes, lesquelles prennent alors le nom de *valeurs :* de sorte qu'un même signe peut à la fois représenter l'intonation et la valeur, par sa position et par sa forme.

EXEMPLE 2.

Signes de durée ou valeurs des notes.

Ronde, Blanche, Noire, Croche, Double Croche, Triple Croche. Quadruple Croche.

D'après l'ordre dans lequel les valeurs sont placées dans cet exemple, chacune est moitié de celle qui la précède, en sorte que la durée de la

---

prêtent à rire continuellement. Au lieu d'adopter sans examen cette mauvaise dénomination, on aurait dû remarquer que le mot *ut* est le seul qui commence par une voyelle, ce qui nuit à la fermeté de la prononciation, et que le moyen le plus simple pour obvier à cet inconvénient était de faire permuter les lettres qui le composent en écrivant *tu*. Une observation analogue ferait supprimer l'*l* de *sol* pour que ce mot se terminât par une voyelle comme les autres : les noms des notes seraient alors : *tu, ré, mi, fa, so, la, si*.

blanche est moitié de celle de la ronde, que la durée de la noire est moitié de celle de la blanche, etc.

Nota. Il est important de remarquer que les valeurs tirent leurs noms des formes qu'on leur a données, et non des rapports de leurs durées. Cela est évident pour la ronde, la blanche et la noire. La croche se nomme ainsi, parce qu'elle a un crochet à la queue, la double croche parce qu'elle en a deux, et ainsi des autres. Cette remarque explique la contradiction qui semble exister dans les termes quand on dit qu'une double croche est la moitié d'une croche, qu'une triple croche est la moitié d'une double ou le quart d'une croche, etc. Lorsque plusieurs croches ou divisions de croches se trouvent de suite, on remplace les crochets par des barres qui les relient toutes ensemble.

EXEMPLE 5.

Croches,   Doubles Croches,   Triples Croches.

§ 3. On appelle *silences* les intervalles de temps pendant lesquels les sons cessent de se faire entendre. La durée des silences se détermine comme celle des sons, c'est-à-dire que chaque valeur a un silence qui lui est égal. Voici le tableau de cette correspondance avec les figures des silences. Silences.

EXEMPLE 4.

Rapports et figures des silences.

La pause	est égale à la ronde.
La demi-pause	est égale à la blanche.
Le soupir	est égal à la noire.
Le demi-soupir	est égal à la croche.
Le quart de soupir	est égal à la double croche.
Le demi-quart de soupir	est égal à la triple croche.
Le seizième de soupir	est égal à la quadruple croche.

Remarques sur leurs figures. *Nota.* On remarquera que la pause est placée en dessous d'une ligne quelconque de la portée et la demi-pause en dessus ; ces deux silences remplissent un demi-interligne ; que le demi-soupir, ainsi que tous les silences de moindre valeur, est tourné dans le sens d'un 7 ; que le soupir seul est tourné dans le sens opposé ; enfin que toutes les divisions du soupir ont chacune autant de crochets que la valeur qu'elles représentent.

Étendue de la portée. § 4. On voit, par l'exemple premier, que les notes occupent les lignes et les interlignes ; elles peuvent aussi dépasser la portée en dessus et en dessous, ce qui fait en tout onze notes.

EXEMPLE 5.

1   2   3   4   5   6   7   8   9   10   11

ut   ré   mi   fa   sol   la   si   ut   ré   mi   fa

Remarquons ici que quand la série des sept premières notes est terminée on la recommence dans le même ordre. Cette nouvelle série représente les mêmes rapports d'intonation à un degré plus élevé. Lignes supplémentaires. Mais l'étendue de la portée ne permet pas de la prolonger entièrement, encore moins de la répéter une troisième fois. Il faut donc trouver un moyen d'augmenter l'étendue de la portée : on y parvient en ajoutant au-dessus et au-dessous de petites lignes qu'on appelle *lignes supplémentaires* ou *additionnelles.*

EXEMPLE 6.

Lignes supplémentaires.

Le nombre des lignes supplémentaires n'est pas limité. On les compte en haut et en bas à partir de la portée. On ne les place qu'à mesure qu'on en a besoin, et, pour ne pas les confondre avec celles de la portée, on laisse entre elles de petits espaces qui les séparent à chaque note qu'on pose dessus.

EXEMPLE 7.

ut ré mi fa sol la si ut ré mi fa sol la si ut ré mi fa sol la si ut ré mi fa mi ré ut si la sol fa mi ré ut si la sol etc.
1 2 3 4 5 6 7 8 9 10 11 12 13 14 15

§ 5. Nous ferons sur cet exemple plusieurs remarques importantes.

1° Les sept notes occupent sur la portée sept places consécutives qui vont sans interruption d'une ligne à un interligne, ou d'un interligne à une ligne, soit en montant, soit en descendant. Cette succession se nomme *échelle diatonique*. — *Échelle diatonique.*

2° Lorsque la série des sept premières notes est terminée, elle recommence dans le même ordre, de sorte que la huitième porte le même nom que la première, la neuvième le même nom que la deuxième, la dixième le même nom que la troisième, etc. La seconde de ces deux notes de même nom est plus haute que la première, et l'*intervalle* qui les sépare se nomme *octave*. Ainsi il y a une octave d'*ut*[1] à *ut*[8], de *ré*[2] à *ré*[9], de *mi*[3] à *mi*[10], etc. — *Octave.*

5° La série des huit notes : *ut, ré, mi, fa, sol, la, si, ut*, compose la *gamme d'ut majeur* (2); c'est le type de toutes les gammes majeures. — *Gamme d'ut majeur.*

(2) La gamme est aujourd'hui une mélodie essentiellement tonale; mais autrefois c'était simplement l'alphabet des sons. Les sons de l'échelle diatonique se représentaient par des lettres. La première série par des majuscules, la deuxième par des petites lettres, la troième par des doubles lettres.

A	B	C	D	E	F	G	a	b	c	d	e	f	g	aa	bb	cc	dd	ee	ff	gg
la	si	ut	ré	mi	fa	sol	la	si	ut	ré	mi	fa	sol	la	si	ut	ré	mi	fa	sol

Cette échelle commençait au *la* parce que cette note était la plus basse dont on eût besoin pour les voix de basse, mais un inventeur ayant voulu y ajouter une note par en bas, il fallait la représenter par un G; or comment former ce G pour le distinguer des autres? l'auteur imagina de se servir du gamma ou G grec; de là l'étymologie de notre mot *gamme*.

Nous invitons les élèves à l'exécuter sur le piano en montant et en descendant pour en connaître le chant.

EXEMPLE 8.

Gamme d'*ut* majeur.

En montant.   En descendant

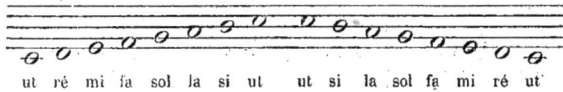

ut ré mi fa sol la si ut   ut si la sol fa mi ré ut

Introduction aux clefs.

4° Enfin la note *ut* que nous avons placée sur la première ligne dans l'exemple premier pourrait aussi bien être prise pour un *ré*, un *mi*, un *fa*, un *sol*, un *la*, ou un *si*. Si on nommait *ré* la note posée sur la première ligne, les suivantes, en vertu de l'ordre naturel des notes, se nommeraient *mi, fa, sol, la, si, ut* ; si on la prenait pour un *mi*, les suivantes deviendraient *fa, sol, la, si, ut, ré* ; il faut donc déterminer une note pour connaître toutes les autres : c'est là le but des clefs dont nous allons parler.

CHAPITRE II.

Des Clefs.

Principe des clefs.

§ 6. D'après la remarque précédente, nommons *fa* la note posée sur la quatrième ligne, il en résultera la combinaison suivante :

EXEMPLE 9.

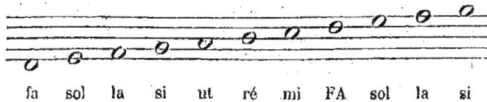

fa sol la si ut ré mi FA sol la si

Si nous posons l'*ut* sur la troisième ligne, nous aurons.

EXEMPLE 10.

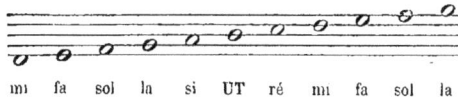

mi   fa   sol   la   si   UT   ré   mi   fa   sol   la

Enfin le *sol* posé sur la deuxième ligne donnera :

EXEMPLE 11.

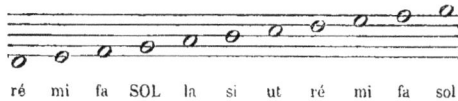

ré   mi   fa   SOL   la   si   ut   ré   mi   fa   sol

Dans ces trois exemples, les notes dont les noms sont écrits en majuscules servent de clefs pour faire connaître les notes qui sans ce secours ne présenteraient qu'une énigme indéchiffrable. Ces trois notes, *fa*, *ut*, *sol*, sont les seules qui servent à cet usage. On les représente par des signes particuliers qu'on appelle *clefs* et on les place en tête de la portée pour déterminer d'avance la position des notes. On les nomme *clef de fa*, *clef d'ut*, et *clef de sol*. {*Noms des clefs.*}

§ 7. Pour trouver les notes par le moyen des clefs il faut bien retenir cette règle générale, que *la clef donne son nom à la note posée sur la même ligne qu'elle.* Ainsi quand on pose la clef de *fa* sur la quatrième ligne, cela veut dire que la note posée sur la quatrième ligne se nomme *fa*; la clef de *sol* deuxième ligne indique que la note posée sur la deuxième ligne est *sol*, etc. Cette note placée sur la même ligne que la clef est la *note primordiale* de la clef. {*Règle fondamentale de la nomination de*} {*Note primordiale.*}

La clef de *fa* se pose sur la troisième et sur la quatrième ligne, la clef d'*ut* sur les quatre premières lignes, et la clef de *sol* sur la deuxième ligne (5). {*Position des clefs.*}

(5) Autrefois on posait aussi la clef de *sol* sur la première ligne. Elle donnait la même nomination que la clef de *fa* quatrième ligne, mais son diapason était de deux octaves plus haut. Il est à regretter qu'elle ne soit plus en usage (*voy.* § 10 à la fin).

Voici leurs figures (4) avec leurs positions.

EXEMPLE 12.

fa primordial. fa prim.   ut prim.   ut prim.   ut prim.   ut prim.   sol prim.

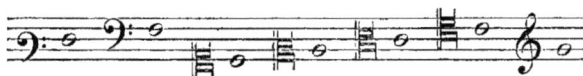

Clefs de *fa*.   Clefs d'*ut*.   Clef de *sol*.
3ᵉ ligne. 4ᵉ ligne.   1ʳᵉ ligne. 2ᵉ ligne. 3ᵉ ligne. 4ᵉ ligne.   2ᵉ ligne.

On voit que les trois clefs ont ensemble sept positions ; la clef de *fa* en a deux, la clef d'*ut* en a quatre, et la clef de *sol* une. Ces sept positions sont autant de clefs différentes : si on n'emploie que trois clefs, c'est pour éviter la multiplicité des signes (5). Il résulte de là qu'en substituant les sept clefs l'une à l'autre on peut donner sept positions à la même note.

EXEMPLE 15.

ut   ut   ut   ut   ut   ut   ut

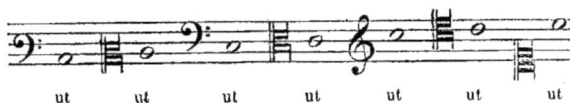

(4) Les figures des clefs ne sont autre chose que les trois lettres F. C. G. qui, sous la main des copistes, ont fini par prendre la forme que nous leur voyons aujourd'hui (*voy.* la note 2).

(5) Il est probable que les trois notes *fa*, *ut*, *sol* ont été choisies pour servir de clefs parce qu'elles sont considérées comme sons générateurs de la gamme d'*ut*. En effet la gamme est formée de trois accords parfaits majeurs : *fa-la-ut*, *ut-mi-sol*, *sol-si ré*, qui donnent la suite de tierces : *fa*, *la*, *ut*, *mi*, *sol*, *si*, *ré*. Si on rapproche ces sept notes pour en former une succession diatonique et qu'on y ajoute le *fa* pour compléter l'octave, on obtient la gamme imparfaite *fa*, *sol*, *la*, *si*, *ut*, *ré*, *mi*, *fa*. De cette gamme on peut en former six autres en commençant par *sol*, par *la*, par *si*, etc., et en continuant ainsi on arrive à la gamme d'*ut* à laquelle on a dû s'arrêter parce qu'elle est plus régulière, plus mélodique, et surtout à cause de son caractère tonal.

et réciproquement donner la même position aux sept notes :

EXEMPLE 14.

| ut | ré | mi | fa | sol | la | si |

Ces exemples prouvent qu'on peut déplacer à la fois d'un ou de plusieurs degrés toutes les notes d'un morceau de musique par le moyen d'un changement de clef. C'est ce qui a lieu dans la transposition.

§ 8. Les explications que nous venons de donner peuvent suffire aux élèves pour apprendre leurs notes sur toutes les clefs ; cependant pour mieux les aider nous allons leur donner une méthode facile et sûre.

Méthode pour trouver les notes.

Pour trouver les notes dans tous les cas, il semblerait tout naturel de partir de la note primordiale et de monter ou descendre diatoniquement jusqu'à la note cherchée, comme dans l'exemple suivant :

EXEMPLE 15.

FA sol la   si   UT   SOL la si ut ré mi FA

FA mi ré ut si la SOL   SOL   fa mi ré ut SI

Mais il vaudra mieux apprendre par cœur le tableau suivant dans lequel les notes suivent l'ordre des lignes en montant et en descendant, en partant des trois notes primordiales, *fa, ut, sol.*

En partant de *fa*	en montant	*fa, la, ut, mi, sol, si, ré, fa,* etc.
	en descendant	*fa, ré, si, sol, mi, ut, la, fa,* etc.
En partant d'*ut*	en montant	*ut, mi, sol, si, ré, fa, la, ut,* etc.
	en descendant	*ut, la, fa, ré, si, sol, mi, ut,* etc.
En partant de *sol*	en montant	*sol, si, ré, fa, la, ut, mi, sol,* etc.
	en descendant	*sol, mi, ut, la, fa, ré, si, sol,* etc.

L'usage de ce tableau est très simple. Il n'y a que deux modes de
position pour les notes : toute note traversée par une ligne est dite
placée sur cette ligne; toute note non traversée par une ligne est
dite placée entre deux lignes. Cela posé, veut-on connaître les notes de
l'exemple suivant?

EXEMPLE 16.

On raisonnera ainsi : la note *g* que je cherche est posée sur la
première ligne dans la clef de *fa* quatrième ligne ; il faut donc partir
de *fa* en descendant, et dire en suivant le tableau : *fa* quatrième ligne,
ré troisième, *si* deuxième, et *sol* première; la note que je cherche est
donc un *sol*. Pour trouver la note *c* on remarquera qu'elle est posée
sur la première ligne supplémentaire en haut de la clef de *fa* quatrième ligne; le tableau de la clef de *fa* en montant fera voir qu'il
faut procéder ainsi : *fa* quatrième ligne, *la* cinquième, *ut* première
ligne supplémentaire ; la note cherchée est donc un *ut*. Pour trouver
la note *e* qui est posée entre la quatrième et la cinquième ligne à la
clef de *sol*, on prendra dans le tableau les notes de la clef de *sol* en
montant, et on dira : *sol* deuxième ligne, *si* troisième, *ré* quatrième, et
fa cinquième; la note cherchée, étant placée entre la quatrième et la
cinquième ligne ou entre *ré* et *fa*, est un *mi*. Enfin on trouvera par les
mêmes moyens que la note *b* qui est entre la première et la deuxième
supplémentaire est un *si*.

§ 9. Il nous reste à savoir quels tons désignent les trois notes primordiales *fa, ut, sol;* car il est évident que toute note représente une
intonation. Ces trois sons, ayant une place déterminée dans l'échelle
générale, servent à établir le diapason des clefs, c'est-à-dire la série
particulière des sons affectés à une voix ou à un instrument. Voici
comment on apprendra à connaître les intonations des notes primordiales sur le clavier.

Dans la clef de *fa* posée sur la troisième ou sur la quatrième ligne, le

Diapason des
clefs.

fa primordial est le troisième *fa* du clavier en commençant par en bas, c'est-à-dire par la gauche. L'*ut* primordial, quelle que soit la position de la clef, est le premier qui se trouve à la droite de ce *fa*; enfin en montant de cinq notes, en partant de cet *ut*, on arrive sur le *sol* primordial. On voit que les notes primordiales de la clef de *fa* et de la clef d'*ut* embrassent une étendue de cinq notes et qu'il en est de même de celles de la clef d'*ut* et de la clef de *sol*. Cette étendue de cinq notes se nomme *quinte*, de sorte que les trois sons représentés par les trois clefs de *fa*, d'*ut* et de *sol* s'élèvent de quinte en quinte dans l'échelle diatonique.

Il est facile de remarquer maintenant que les clefs ne servent pas seulement à changer la position des notes, mais qu'elles ont encore le grand avantage de faire servir les cinq lignes de la portée à toute l'étendue de l'échelle diatonique. C'est ce que démontre l'exemple suivant :

EXEMPLE 17.

Étendue de 3 octaves et une note ou 23 notes.

Ainsi la voix la plus basse et la voix la plus haute mettront les notes de la portée à leur diapason, l'une en employant la clef de *fa* quatrième ligne, l'autre en employant la clef de *sol*. Avec la clef d'*ut* troisième ligne, on aura un diapason intermédiaire qui conviendra aux voix qui tiennent le milieu entre la plus haute et la plus basse.

EXEMPLE 18.

Chaque voix peut donc approprier la portée à son diapason, c'est-à-dire à son étendue naturelle en choisissant la clef qui lui convient le mieux (6). Cela est rigoureusement vrai pour les voix et prouve que le système des clefs a été bien imaginé dans l'origine. Mais aujourd'hui qu'on écrit pour des instruments qui dépassent d'une octave et demie les voix les plus basses, et de plus de deux octaves les voix les plus hautes, les clefs sont devenues insuffisantes. On est obligé d'employer un grand nombre de lignes supplémentaires; ou bien, pour rendre la lecture moins difficile, on écrit les notes d'en haut une octave au-dessous, et celles d'en bas une octave au-dessus, en indiquant par une ligne tremblée *qu'on* appelle *ligne d'octave*, et par les mots *ottava alta, ottava bassa,* que les notes doivent s'exécuter plus haut ou plus bas d'une octave. Lorsque les notes reviennent à leurs places, on interrompt la ligne tremblée et on écrit le mot *loco*.

Lignes d'octave.

EXEMPLE 49.

Plus basses notes du piano.

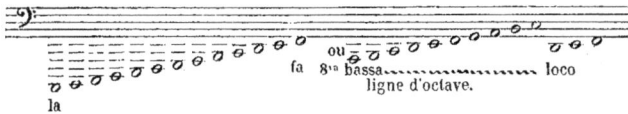

Plus hautes notes du piano.

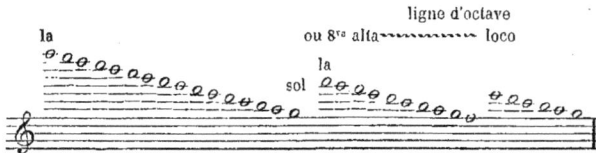

(6) La clef de *fa* quatrième ligne sert pour les voix et instruments graves; on écrit sur la clef d'*ut* quatrième ligne la partie de ténor et les notes hautes du violoncelle et du basson; on emploie la clef d'*ut* troisième ligne pour l'alto et la voix de contralto; la clef d'*ut* première ligne est la clef du soprano, et la clef de *sol* celle de toutes les parties supérieures vocales et instrumentales. Les clefs de *fa* troisième

Ces moyens auxiliaires n'empêchent pas qu'il y ait encore quatre lignes supplémentaires dans ce dernier exemple, et si un passage se prolongeait longtemps dans cette octave, on pourrait voir une portée entièrement vide et toutes les notes écrites au-dessus. Ce vice dans notre notation exige impérieusement une réforme : nous avons hasardé une proposition sur ce sujet, note 7.

§ 10. L'étude que nous venons de faire des clefs suffit pour éclairer les élèves sur tous les cas qui pourront se présenter dans la pratique ; cependant pour ne rien laisser ignorer sur ce sujet important, nous allons faire voir les rapports qui existent entre les clefs et démontrer l'unité de leur système.

Relation des clefs.

Unité du système.

Nous avons vu (ex. 17) qu'il y a vingt-trois notes depuis le *fa* placé une octave au-dessous du *fa* primordial de la clef de *fa* quatrième ligne, jusqu'au *sol* placé une octave au-dessus du *sol* primordial de la clef de *sol*; sans le secours des clefs, il faudrait onze lignes pour écrire ces vingt-trois notes.

EXEMPLE 20.

fa sol la si ut ré mi fa sol la si ut ré mi fa sol la si ut ré mi fa sol

On conçoit aisément qu'il ne serait pas possible de lire la musique sur une portée de cette étendue ; c'est pourquoi on ne donne à chaque clef que cinq lignes sur cette portée. La clef de *fa* quatrième prend les cinq premières lignes, et la clef de *sol* les cinq dernières. Les autres clefs prennent chacune cinq lignes dans l'intérieur de cette portée, selon leur diapason. Cette portée de onze lignes est donc la *portée générale*

Portée générale.

Portées partielles.

et d'*ut* deuxième ne sont plus d'usage pour les voix ni pour les instruments, mais elles sont fréquemment employées dans la transposition, ainsi que dans l'accompagnement de la partition lorsqu'on a à exécuter sur le piano les parties de cors, clarinettes, trompettes qui s'écrivent ordinairement en *ut* et sur la clef de *sol*.

qui contient toutes les *portées partielles* des clefs. C'est ce que fait très bien comprendre la figure suivante qu'on trouve dans le *Dictionnaire* de J.-J. Rousseau.

EXEMPLE 21.

Portée générale.

11 lig., **23** notes. Clef de *fa* Cl. de *fa* Cl. d'*ut* Cl. d'*ut* Cl. d'*ut* Cl. d'*ut* Cl. de Cl. de
4ᵉ ligne. 3ᵉ ligne. 4ᵉ lig. 3ᵉ lig. 2ᵉ lig. 1ʳᵉ lig. *sol* 2ᵉ l. *sol* 1ʳᵉ l.
inusit.

On voit par cette figure : 1° que la portée de la clef de *fa* quatrième ligne embrasse les lignes comprises de la première à la cinquième de la portée générale ; que la portée de la clef de *fa* troisième ligne embrasse les lignes comprises de la deuxième à la sixième ; que la portée de la clef d'*ut* quatrième ligne occupe celles qui sont comprises de la troisième à la septième, etc. ; enfin, que la portée de la clef de *sol* deuxième ligne occupe les cinq dernières lignes ;

2° Que les trois clefs en représentent sept réellement différentes qui s'élèvent consécutivement de ligne en ligne dans la portée générale ;

3° Que les notes primordiales *fa*, *ut*, *sol* montent de quinte en quinte, puisque les *fa* primordiaux sont placés sur la quatrième ligne, les *ut* sur la sixième, et les *sol* sur la huitième ;

4° Que la première ligne de la clef de *fa* quatrième correspond à la sixième ligne supplémentaire de la clef de *sol* au-dessous de la portée, et que la cinquième ligne de la clef de *sol* correspond à la sixième ligne supplémentaire de la clef de *fa* quatrième au-dessus de la portée ; que l'*ut* primordial est à la fois l'*ut* de la première ligne supplémentaire d'en haut dans la clef de *fa* quatrième ligne et de la première ligne supplémentaire d'en bas dans la clef de *sol*, etc. Il sera facile au lecteur de trouver les autres propriétés de cette figure avec un peu d'attention. Nous ajouterons seulement un mot sur la clef de *sol* première ligne que l'on voit à l'extrémité et en dehors de la figure.

Cette clef occupe les lignes 8, 9, 10, 11, 12 de la portée générale et l'augmente par conséquent d'une ligne. Le *sol* primordial se trouve sur la première ligne comme dans la clef de *fa* quatrième, mais deux octaves au-dessus. Les musiciens ont cru voir dans cette clef un double emploi de la clef de *fa* quatrième et l'ont supprimée comme inutile. Cette erreur a pour nous aujourd'hui des conséquences graves. Car cette clef substituée à la clef de *sol* deuxième ligne nous donnerait une ligne supplémentaire de moins par en haut, ce qui serait déjà un petit avantage ; ensuite elle commencerait une nouvelle série de clefs, qui, en répétant à un diapason plus élevé les clefs déjà employées, nous donnerait le moyen d'étendre indéfiniment la portée générale et de nous débarrasser des lignes supplémentaires dont le nombre est une surcharge pour la notation musicale et un des plus grands obstacles à la lecture. La note suivante servira de développement aux remarques que nous venons de faire (7).

Clef de sol 1re ligne.

(7) Le piano, dont l'étendue est à peu près égale à celle de tous les instruments réunis, contient aujourd'hui cinquante notes. Pour écrire ces cinquante notes, il faudrait une portée de vingt-cinq lignes. La portée de onze lignes ne pouvant plus suffire, on y a d'abord ajouté quelques lignes supplémentaires ; peu à peu le nombre s'en est augmenté, et enfin il s'est tellement accru que l'œil s'y est égaré. C'est alors qu'on a eu recours à ces pitoyables rallonges qu'on appelle lignes d'octave (§ 9). Ces misérables ressources prouvent combien est déplorable la négligence que les musiciens ont toujours apportée dans l'étude de la théorie de leur art. S'ils avaient mieux connu les principes que nous venons d'exposer, ils auraient su en tirer des conséquences qui leur auraient donné les moyens d'approprier le système des clefs à l'échelle générale des sons, quel que soit le degré d'étendue auquel elle parvienne. Il y a bien peu d'espoir de voir cette réforme s'effectuer ; cependant celle que nous avons à proposer est si simple et changerait si peu nos habitudes, que nous ne doutons pas qu'elle serait bien vite adoptée si quelques artistes influents donnaient l'exemple. Dans le système que nous proposons, la portée générale peut s'étendre indéfiniment par en haut et par en bas. Supposons que nous partions d'une ligne du centre de la portée générale et que nous placions sur cette ligne la clef d'*ut* troisième ligne, nous élèverons la portée partielle d'une ligne en plaçant la clef d'*ut* sur la deuxième, et d'une ligne encore en plaçant cette clef sur la première (*voy.* la figure ex. 21 *bis*, page 19). Ces clefs d'*ut* ne différeront en rien de nos clefs d'*ut* ordinaires. En élevant encore la portée partielle d'une ligne, nous aurons un *fa* sur la cinquième : nous appellerons la clef de cette portée clef de *fa* cinquième ligne. Elle sera identique avec la clef de *sol* deuxième ligne en usage aujourd'hui ; il n'y aura que le nom de changé. Nous la marquons dans notre figure par une **F**. En plaçant ce *fa*, le cinquième du clavier, sur la qua-

3

trième, sur la troisième, sur la deuxième, et sur la première ligne, nous aurons élevé successivement les portées partielles de une, deux, trois, et quatre lignes. La portée qui suivra celle de la clef de *fa* première ligne donnera un *si* sur la cinquième ligne, le sixième du clavier ; la clef de cette portée se nommera clef de *si* cinquième ligne, et répètera la clef d'*ut* deuxième ligne, mais à deux octaves au-dessus : nous la marquons par un *B*. En plaçant ce *si* successivement sur la quatrième, la troisième, la deuxième, et la première ligne, nous aurons dépassé de beaucoup les instruments les plus hauts, puisque nous serons arrivés, sans lignes supplémentaires, à quatre octaves et une note au-dessus de l'*ut* d'où nous sommes partis, ou à un octave au-dessus du dernier *ré* du piano.

Nous suivrons la même marche pour étendre la portée générale par en bas. Partant de la ligne du centre sur laquelle nous avons placé la clef d'*ut* troisième ligne, nous descendrons la portée partielle d'une et de deux lignes en plaçant la clef d'*ut* sur la quatrième et sur la cinquième ligne. Cette dernière est identique avec la clef de *fa* troisième ligne ordinaire. En descendant encore la portée partielle d'une ligne, nous trouverons un *sol* sur la première ligne ; ce qui nous donnera une clef de *sol* première ligne, désignée par un *G*, et identique avec notre clef de *fa* quatrième ligne ordinaire. En faisant passer cette clef à la deuxième, à la troisième, à la quatrième, et à la cinquième ligne, nous aurons descendu successivement la portée partielle de uno, deux, trois, et quatre lignes. Enfin, en continuant de descendre la portée partielle, nous trouverons un *ré* sur la première ligne ; ce *ré* est la note primordiale des clefs de *ré* marquées *D*, qui auront comme les autres les cinq positions : première, deuxième, troisième, quatrième, et cinquième ligne. Cette dernière étendrait l'échelle diatonique sans lignes supplémentaires jusqu'à deux octaves au-dessous du *si* le plus bas des pianos ordinaires, et par conséquent dépasserait de beaucoup la limite des sons les plus graves.

EN RÉSUMÉ,

Dans le système que nous proposons :	*Dans le système usité aujourd'hui :*
A L'échelle diatonique peut s'étendre indéfiniment dans le grave et dans l'aigu.	A L'échelle diatonique est limitée à trois octaves et une note.
B Nous plaçons chacune de nos clefs sur les cinq lignes.	B Les clefs se placent de la manière la plus irrégulière.
C La clef de *ré* deuxième ligne permet de descendre jusqu'au premier *la* du piano à sept octaves sans le secours des lignes supplémentaires.	C La clef de *fa* quatrième ligne ne permet de descendre que jusqu'au deuxième *fa* du piano ; il faudrait six lignes supplémentaires pour atteindre le premier *la* du piano à sept octaves.
D Les notes primordiales forment entre elles des intervalles de onzième, distance proportionnée à l'étendue actuelle de la portée générale.	D Les notes primordiales forment entre elles des intervalles de quintes, distance qui avait été calculée sur l'étendue des voix et non sur celle des instruments.
E En comptant huit clefs consécutives en montant, la huitième répète les mêmes notes que la première, mais à deux octaves au-dessus.	E Cette répétition des mêmes notes à un diapason plus élevé, indispensable pour étendre l'échelle indéfiniment, ne peut pas avoir lieu ici, puisqu'il n'y a que sept positions de clefs.
F La musique peut être écrite dans le véritable diapason des voix et des instruments sans exception.	F Les voix seules peuvent être représentées dans leur véritable diapason. On est obligé d'écrire une octave au-dessus la musique des instruments graves, comme cela a lieu pour la contre-basse, et une octave au-dessous celle des instruments aigus, comme cela a lieu pour la plus grande partie de ce qui s'exécute dans les deux dernières octaves du piano.

19

EXEMPLE 24 *bis*.

Nouveau système des Clefs.

Clefs de ré.   Clefs de sol.   Clefs d'ut.   Clefs de fa.   Clefs de si.

Étendue du clavier à sept octaves (Érard 1845).

1re octave   2e octave   3e octave   4e octave   5e octave   6e octave   7e octave

Clef de ré 2e ligne
répétant la clef de fa 3e l. actuelle
à 2 octaves au-dessous.

unisson — Clef de sol 1re ligne ou de fa 4e ligne actuelle.

unisson — Clef de fa 5e ligne ou de sol 2e ligne actuelle.

unisson — Clef de si 4e ligne répétant la clef d'ut 1re ligne à deux octaves au-dessus.

On voit que le seul changement à faire pour la musique de piano serait d'employer pour les plus basses notes la clef de *fa* troisième ligne descendue de deux octaves sous le nom de clef de *ré* deuxième ligne, et, pour les plus hautes, la clef d'*ut* première ligne élevée de deux octaves sous le nom de clef de *si* quatrième ligne. Les lignes supplémentaires seraient supprimées ou réduites à un très petit nombre.

CHAPITRE III.

Du Ton et du Demi-Ton, des Signes d'altération.

§ 11. Remettons la gamme sous nos yeux et tirons-en quelques conséquences importantes.

EXEMPLE 22.

ton   ton demi-ton ton   ton   ton demi-ton

Ton et demi-ton.

La distance que parcourt la voix en s'élevant de l'*ut* au *ré* se nomme *ton* : la voix s'élève d'une égale quantité pour passer du *ré* au *mi*, du *fa* au *sol*, du *sol* au *la*, du *la* au *si*; donc tous ces *intervalles* sont des tons. L'intervalle de *mi* à *fa* n'est que la moitié de ceux-ci : il en est de même de celui de *si* à *ut;* ces deux intervalles sont donc des demi-tons. Le demi-ton est le plus petit des intervalles usités dans la musique. Or, puisque l'oreille apprécie facilement le demi-ton, on doit pouvoir partager le ton en deux parties égales. C'est en effet ce qui a lieu : si on intercale entre *ut* et *ré* un son qui tienne précisément le milieu entre ces deux notes et qu'on répète cette opération sur tous les tons de la gamme, on obtient une suite de demi-tons à laquelle on donne

Échelle chromatique.

le nom de *gamme* ou mieux *échelle chromatique*. Pour représenter sur la portée ces sons intermédiaires, on se sert des notes mêmes de la gamme, mais alors on indique par un signe particulier que l'intonation de la note la plus basse est haussée d'un demi-ton, ou par un signe contraire que l'intonation de la plus haute est baissée de la

Signes d'altération.

même quantité. Ces signes sont le *dièse* et le *bémol*. On les nomme signes d'altération, ainsi que tous ceux qui servent à altérer l'intonation des notes. Voici les règles qui les concernent :

Dièse.

1° Le *dièse* ♯ est un signe qu'on place à gauche de la note et qui indique que l'intonation de cette note est haussée d'un demi-ton ;

Bémol.

2° Le *bémol* ♭ est un signe qu'on place à gauche de la note et qui indique que l'intonation de cette note est baissée d'un demi-ton ;

5° Le *bécarre* ♮ est un signe qu'on place de la même manière pour indiquer que la note est ramenée à son intonation naturelle (8).

Bécarre.

EXEMPLE 25.

Dièse. Bémol.   Bécarre.

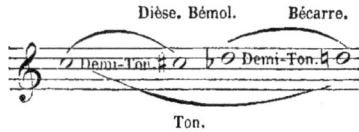

Ton.

Lorsqu'une note est déjà diésée ou bémolisée, on peut encore l'affecter d'un dièse ou d'un bémol. Mais alors ces signes ont une autre forme et se nomment *double dièse* ✗ et *double bémol* ♭♭. Ils indiquent

Double dièse, double bémol.

(8) Le mot *dièse* vient du grec δίεσις, qui signifie *division;* mais l'étymologie des mots *bécarre* et *bémol* est bien plus curieuse et tient à l'histoire de la musique.

Avant qu'on eût donné un nom au *si*, il fallait bien le désigner par un des noms des six autres notes. Voici comme on procédait :

Noms modernes	*sol*	*la*	*si*	*ut*	*ré*	*mi*	*fa*	*sol*	*la*	*si*♭	*ut*	*ré*
Lettres (gamma) Γ	A	B	C	D	E	F	G	a	b	c	d	
Par bécarre		*ut*	*ré*	*mi*	*fa*	*sol*	*la*					
Par nature				*ut*	*ré*	*mi*	*fa*	*sol*	*la*			
Par bémol						*ut*	*ré*	*mi*	*fa*	*sol*	*la*	

On plaçait le premier hexacorde *ut, ré, mi, fa, sol, la*, sous les six lettres Γ, A, B, C, D, E ; l'F n'avait pas de note correspondante, mais alors on replaçait le même hexacorde du C à l'*a*, et comme à son tour le *b* manquait de note correspondante, on recommençait encore le même hexacorde à partir de l'F. On passait en solfiant d'un hexacorde à l'hexacorde voisin : ces changements d'hexacordes s'appelaient *muances*. Les deux notes *mi, fa* devaient toujours former un demi-ton. Or il est aisé de voir que le *mi* qui correspond au B dans le premier hexacorde est notre *si* naturel, et que le *fa* qui correspond au *b* dans le troisième est notre *si* bémol. La différence qui existait pour l'oreille entre ces deux *si*, ou, pour mieux dire, entre ces deux *b*, fit comparer le premier à un corps dur, anguleux, carré, et le second à un corps doux, rond, mou. Le B dans le premier hexacorde se nomma B carré et dans le second *b* mou : de là sont venus nos deux mots *bécarre* et *bémol*. Remarquons, en terminant cette note, que l'hexacorde du milieu ne contient pas de *b*, et qu'à cause de cela on le nommait hexacorde naturel par opposition aux deux autres qui contiennent, le premier un B ou *si* bécarre, et le troisième un *b* ou *si* bémol. C'est de là que viennent ces anciennes locutions : chanter par nature, par bécarre, et par bémol.

que l'intonation de la note *naturelle* est haussée ou baissée d'un ton. Le bécarre dans tous les cas remet la note dans son intonation naturelle.

EXEMPLE 24.

Double dièse.   Double bémol.

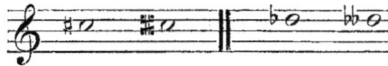

EXEMPLE 25.

Suite de demi-tons ou échelle chromatique par dièses.

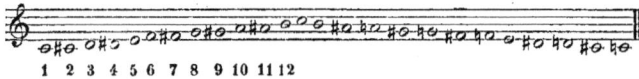

1 2 3 4 5 6 7 8 9 10 11 12

Cette échelle est numérotée pour faire voir qu'il y a douze sons réellement différents dans la musique.

Autre exemple par bémols.

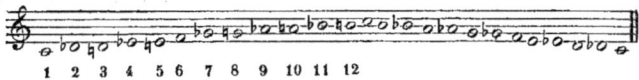

1 2 3 4 5 6 7 8 9 10 11 12

Deux sortes de demi-ton. Ces deux gammes sont uniformes pour l'oreille quoiqu'elles diffèrent par la notation. En effet, l'identité de sons qui existe entre *ut* ♯ et *ré* ♭ permet d'écrire le même demi-ton de deux manières, savoir : *ut—ut*♯ ou *ut—ré*♭. Ce dernier, qui est formé de deux notes différentes, se nomme demi-ton *diatonique* parce qu'il se trouve dans les gammes diatoniques ; l'autre, qui est formé de deux notes semblables, dont l'une est diésée ou bémolisée, se nomme demi-ton *chromatique* parce qu'il ne se trouve que dans la gamme chromatique (9). Ainsi les demi-tons *ut—réb, ut♯—ré, mi—fa, solb—labb, sol♯—la♯* sont diatoni-ques; les demi-tons *sol—sol♯, utb—ut, labb—lab, ré♯—re♯* sont chro-matiques. Il suit de là que quand on dit que le dièse ou le bémol hausse ou baisse la note d'un demi-ton, il faut entendre *d'un demi-ton chromatique* (10).

§ 12. Nous invitons les élèves à bien retenir les règles suivantes qui complètent ce que nous avons à dire sur les signes d'altération pour le moment. *Règles sur les signes d'alté-ration.*

1° On peut affecter toutes les notes d'un dièse ou d'un bémol.

2° On peut affecter toutes les notes d'un double dièse ou d'un dou-ble bémol; cependant il est rare qu'on trouve des *mi* ou des *si* doubles dièses, des *ut* ou des *fa* doubles bémols.

3° Lorsque les dièses ou les bémols doivent se représenter pendant *Signes de la clef.*

(9) Par analogie on pourrait dire qu'*ut—ré* est un ton diatonique et *ut—ut♯* un ton chromatique, mais on ne fait pas cette distinction parce que le ton chro-matique est d'un usage extrêmement rare.

(10) Les expressions *demi-ton diatonique, demi-ton chromatique*, ont été substituées par les musiciens modernes à celles de *demi-ton majeur, demi-ton mineur*. Les mots *majeur* et *mineur* appliqués aux demi-tons supposent qu'ils ne sont pas égaux et que le diatonique est le plus grand. Cela est vrai selon l'échelle de la formation de la gamme (*voy*. note 5). Mais beaucoup de musiciens prétendent qu'il est le plus petit ; de sorte que dans un orchestre, où les premiers violons auront à faire le demi-ton *ut—réb*, les uns le feront plus grand, les autres plus petit, et l'on entendra à la fois deux *ré b*, l'un plus haut, l'autre plus bas. Heureusement que l'oreille des musiciens en sait plus qu'eux, et qu'après une discussion bien chaude et très inquiétante pour le public, ils se retrouvent par-faitement d'accord dans l'orchestre. Mais n'est-il pas déplorable qu'ils en soient encore à discuter sur ce sujet qu'ils ne connaissent pas, plutôt que de l'étudier une bonne fois? L'évaluation numérique des intervalles est exposée dans tous les traités d'acoustique et de physique. Prony a fait paraître en 1852 une instruction sur le calcul des intervalles musicaux, véritable service rendu aux musiciens par la transformation que l'auteur a fait subir aux calculs adoptés avant lui. Il paraît qu'aucun de ces ouvrages n'a encore atteint son but, et nous essaierons peut-être à notre tour d'être plus heureux auprès des intéressés. En attendant, bornons nous à dire que le demi-ton, ainsi que tous les intervalles, varie selon la génération qui le produit. Par exemple, dans l'échelle génératrice de la gamme (note 5), adoptée par tous les auteurs, le demi-ton diatonique est le renversement de la septième majeure formée par la succession *fa, la, ut, mi*, ce qui donne à ce

toute la durée d'un morceau, on les place à côté de la clef, ce qui indique que les notes qu'ils désignent seront altérées de la même manière jusqu'à la fin.

Ainsi [♯♯♯] veut dire que les trois notes *fa, ut, sol* seront

dièses partout où elles se trouveront, bien que ces notes ne portent

pas leurs dièses à côté d'elles. De même [♭♭] indique que le *si*

et le *mi* seront toujours bémols. Il est rare qu'on mette sept dièses ou sept bémols à la clef. Jamais on n'y met de doubles dièses ni de doubles bémols. Les signes d'altération placés à la clef se nomment dièses ou bémols de la clef.

Signes accidentels.

4° Les signes d'altération qui ne sont pas à la clef, et par conséquent qu'on place à côté des notes à mesure qu'on en a besoin, se nomment dièses ou bémols accidentels. Ceux-ci conservent leur influence sur les notes pendant la durée d'une mesure, quoiqu'ils ne soient écrits qu'une fois.

Nota. On appelle *mesure* les espaces formés par les barres verticales qui traversent la portée de distance en distance. (Cette définition n'est que provisoire.)

EXEMPLE 26.

demi-ton 1 demi-ton 12 centièmes du demi-ton moyen ; le demi-ton chromatique *fa—fa*♯ étant le résultat de la succession *fa, la, ut, mi, sol, si, ré, fa*♯ a pour valeur $0^{d.-t.},92^c$; le demi-ton diatonique est donc, dans ce cas, plus grand que le chromatique de $0^{d.-t.},20^c$. Soit maintenant la succession des cinq quintes, *fa, ut, sol, ré, la, mi* ; le demi-ton diatonique *mi-fa* qui en résultera aura $0^{d.-t.},90^c$, et le demi-ton chromatique, produit des sept quintes *fa, ut, sol, ré, la, mi, si, fa* ♯, aura $1^{d.-t.},14^c$, d'où le diatonique sera plus faible que le chromatique de $0^{d.-t.},24^c$ de demi-ton moyen. Le tempérament réduit tous les demi-tons à la plus parfaite égalité, de sorte qu'un demi-ton tempéré ou moyen est le douzième de l'octave : c'est ainsi que le donne un piano bien accordé.

Dans la première mesure, tous les *ut* sont dièses quoiqu'il n'y ait que le premier de marqué, mais celui de la seconde mesure est naturel parce que l'influence du dièse cesse avec la mesure dans laquelle il est placé. La même règle s'applique au bémol et au bécarre, ainsi qu'au double dièse et au double bémol (11).

(11) On voit quelquefois un bécarre et un dièse à la même note, comme dans l'exemple suivant :

EXEMPLE.

Voici comment on explique cette notation : Le *ré* (a) est déjà double dièse puisqu'il est dans la mesure, et en le diésant il deviendrait triple dièse ; il faut donc le rendre d'abord naturel par un bécarre et y mettre ensuite un dièse. Les musiciens semblent, en employant cette manière de noter, avoir voulu user d'une exactitude algébrique ; mais ils se sont trompés, car les signes d'altération sont toujours censés agir sur des notes naturelles. S'il en était autrement, le premier *ut* de l'exemple ci-dessus, étant déjà dièse à la clef, deviendrait triple dièse par l'action du double dièse. Mais, de leur aveu, il n'en est pas ainsi ; l'*ut* n'est toujours que double dièse, ce qui prouve que ce double dièse agit sur un *ut* considéré comme naturel.

D'autres veulent que le bécarre ne supprime qu'un dièse ou un bémol, et que, pour détruire l'effet du double dièse ou du double bémol, il faut deux bécarres à la fois. La conséquence de ce raisonnement serait qu'une note double dièse baissée seulement d'un demi-ton, ou double bémol haussée d'un demi-ton, devrait être affectée d'un bécarre tout seul. Mais comme le bécarre est aussi le signe de la note naturelle, pour éviter la confusion qui résulterait du triple emploi de ce signe, ils l'accompagnent d'un dièse lorsque la note devient dièse après avoir été double dièse, ou d'un bémol lorsque la note devient bémol après avoir été double bémol. Il semble que les musiciens se soient plu à rendre l'écriture musicale indéchiffrable par cette notation compliquée en même temps qu'elle est fausse en principe. Pour nous qui avons de la peine à comprendre la signification du double bécarre, c'est-à-dire d'une note doublement naturelle, nous répétons que les signes d'altération ont sur les notes un effet absolu, c'est-à-dire que dans tous les cas la note est ce qu'indique le signe qui lui est apposé, et que dans tous les cas aussi le bécarre rend à la note son intonation naturelle. Cette doctrine est à la fois la plus simple et la seule vraie.

DEUXIÈME SECTION

DES SONS COMPARÉS ENTRE EUX.

CHAPITRE PREMIER

Théorie des intervalles.

§ 45. Nous avons à nous occuper maintenant de la partie la plus importante de la musique, de celle qui en constitue le principe. Jusqu'ici nous n'avons traité que de la science des signes, nous allons traiter à présent de la science des choses.

Origine de l'intervalle. La première chose qu'on remarque en comparant deux sons, c'est la distance qui existe entre eux. Cette distance reçoit en musique le nom d'*intervalle*. Ainsi, *un intervalle est la distance qu'il y a d'un son à un autre*. On appelle *son grave* le plus bas des deux sons de l'intervalle; le plus haut est le *son aigu*. Les intervalles se mesurent ordinairement du grave à l'aigu.

On voit que le nombre des intervalles doit être considérable et qu'il serait même difficile de le déterminer; cependant il n'y en a que sept réellement différents, les autres n'étant que la répétition de ceux-là. En effet si, dans une suite indéfinie de notes, *mi, fa, sol, la, si, ut, ré, mi, fa, sol, la*..... nous prenons une note quelconque, *fa* par exemple, et que nous la combinions avec toutes celles qui la suivent, nous aurons :

fa—sol	intervalle	de 2 notes.
fa—la	—	de 3 notes (en comptant le *sol* intermédiaire).
fa—si	—	de 4 notes (en comptant les notes intermédiaires).
fa—ut	—	de 5 notes.
fa—ré	—	de 6 notes.
fa—mi	—	de 7 notes.
fa—fa	—	de 8 notes.

Après ce dernier, les intervalles se présentent dans le même ordre, mais avec une plus grande étendue:

fa—sol intervalle de 9 notes.
fa—la   —   de 10 notes.
etc., etc.

Or comme les intervalles de cette nouvelle série jouissent des mêmes propriétés que les premiers, il suffit d'étudier ceux-ci pour connaître tous les autres.

En tête des intervalles il faut placer l'*unisson*. On appelle ainsi deux notes semblables placées sur le même degré, comme

Unisson.

unisson

ut   ut

A dire vrai, l'unisson n'est pas un intervalle, mais on le considère comme un intervalle nul.

Voici les noms qu'on donne aux huit premiers intervalles, y compris l'unisson.

Noms des intervalles.

L'intervalle nul comme. . . . ut—ut se nomme unisson.
— de 2 notes comme ut—ré   — seconde.
— de 3 notes comme ut—mi   — tierce.
— de 4 notes comme ut—fa   — quarte.
— de 5 notes comme ut—sol   — quinte.
— de 6 notes comme ut—la   — sixte.
— de 7 notes comme ut—si   — septième.
— de 8 notes comme ut—ut   — octave.

Ces huit intervalles, y compris l'unisson, se nomment *simples*. Tous ceux qui renferment un plus grand nombre de notes sont dits *composés*. On les désigne par le nombre ordinal qui indique la quantité de notes qu'ils contiennent, c'est-à-dire que l'intervalle de neuf notes se nomme neuvième, celui de dix notes se nomme dixième; les suivants se nomment onzième, douzième, treizième, quatorzième. Celui de

Intervalles simples et composés.

quinze notes se nomme quinzième ou double octave; les autres, seizième, dix-septième, etc.

§ 14. Ces premières notions étant bien comprises, occupons-nous de développer cette importante théorie.

Il est évident que la gamme contient sept secondes, puisque chacune peut commencer par une des sept notes, *ut, ré, mi, fa, sol, la, si.*

EXEMPLE 27.

seconde seconde seconde seconde seconde seconde seconde

ton ton demi-ton ton ton ton demi-ton
1   2   · 3   4   5   6   ?

Et comme tous les intervalles peuvent commencer ainsi, il est certain qu'on peut former sept tierces, sept quartes, etc., avec les notes de la gamme. Mais ce qu'il est important de remarquer dans l'exemple ci-dessus, c'est qu'il y a cinq secondes d'un ton, et deux d'un demi-ton. Voilà donc deux espèces de secondes, différant entre elles d'un demi-ton. Les secondes d'un ton se nomment *majeures;* les secondes d'un demi-ton se nomment *mineures.*

Si on examine attentivement les autres intervalles, on verra qu'ils sont tous, comme les secondes, de deux espèces dont l'une surpasse l'autre d'un demi-ton. Il faut en excepter l'octave qui est invariable. Voilà donc déjà deux classes d'intervalles : les majeurs et les mineurs. Voici le tableau des uns et des autres, avec le nombre de demi-tons qui sert à les mesurer.

Intervalles majeurs et mineurs.

EXEMPLE 28.

Tableau des intervalles majeurs et mineurs.

Intervalles majeurs.		Intervalles mineurs.	
5 secondes de 2 demi-tons.	$\left\{\begin{array}{l} ut -r\acute{e}. \\ r\acute{e} -mi. \\ fa -sol. \\ sol-la. \\ la -si. \end{array}\right.$	2 secondes de 1 demi-ton.	$\left\{\begin{array}{l} mi-fa. \\ si -ut. \end{array}\right.$
3 tierces de 4 demi-tons.	$\left\{\begin{array}{l} ut -mi. \\ fa -la. \\ sol-si. \end{array}\right.$	4 tierces de 3 demi-tons.	$\left\{\begin{array}{l} r\acute{e} -fa. \\ mi-sol. \\ la -ut. \\ si -r\acute{e}. \end{array}\right.$
1 quarte de 6 demi-tons.	$\left\{\begin{array}{l} fa -si. \end{array}\right.$	6 quartes de 5 demi-tons.	$\left\{\begin{array}{l} ut -fa. \\ r\acute{e} -sol. \\ mi-la. \\ sol-ut. \\ la -r\acute{e}. \\ si -mi. \end{array}\right.$
6 quintes de 7 demi tons.	$\left\{\begin{array}{l} ut -sol. \\ r\acute{e} -la. \\ mi-si. \\ fa -ut. \\ sol-r\acute{e}. \\ la -mi. \end{array}\right.$	1 quinte de 6 demi-tons.	$\left\{\begin{array}{l} si -fa. \end{array}\right.$
4 sixtes de 9 demi-tons.	$\left\{\begin{array}{l} ut -la. \\ r\acute{e} -si. \\ fa -r\acute{e}. \\ sol-mi. \end{array}\right.$	3 sixtes de 8 demi-tons.	$\left\{\begin{array}{l} mi-ut. \\ la -fa. \\ si -sol. \end{array}\right.$
2 septièmes de 11 demi-tons.	$\left\{\begin{array}{l} ut -si. \\ fa -mi. \end{array}\right.$	5 septièmes de 10 demi-tons.	$\left\{\begin{array}{l} r\acute{e} -ut. \\ mi-r\acute{e}. \\ sol-fa. \\ la -sol. \\ si -la. \end{array}\right.$

§ 45. Les intervalles composés se divisent en redoublés, triplés, quadruplés, etc., selon leur étendue. Par exemple, *ut—mi* dix-septième est une tierce triplée, parce qu'on a *ut¹—mi¹* tierce, *ut¹—mi²* dixième et *ut¹—mi³* dix-septième; *ut—¹fa¹* vingt-cinquième est une quarte quadruplée, parce qu'on a *ut¹—fa¹* quarte, *ut¹—fa²* onzième, *ut¹—fa³* dix-huitième et *ut¹—fa⁴* vingt-cinquième. Si on voulait savoir quel est le simple d'un intervalle qui contient beaucoup de notes, il faudrait retrancher sept autant de fois qu'on le pourrait, c'est-à-dire diviser le

Classement des intervalles composés.

nombre des notes par sept; le reste serait l'intervalle simple. Ainsi on trouverait qu'une vingt-troisième se réduit à une seconde, parce qu'en divisant vingt-trois par sept il reste deux. Quand il n'y a pas de reste, l'intervalle cherché est une septième, et s'il reste un, c'est un unisson auquel il faut substituer l'octave, puisque l'unisson n'est pas un intervalle. Ces calculs ne sont pas inutiles à connaître, mais on trouve rarement à en faire l'application, parce que la seule inspection des notes dont sont formés les intervalles qu'on rencontre dans la musique suffit pour faire voir à quel intervalle simple ils se rapportent.

Redoublement des intervalles. L'opération du redoublement des intervalles consiste à transporter la note aiguë à l'octave au-dessus, ou la note grave à l'octave au-dessous. La première manière est plus usitée.

EXEMPLE 29.

Tierce simple. Tierce redoublée ou dixième. Tierce simple. Tierce redoublée ou dixième.

Plus usité. Moins usité.

Voici le tableau des intervalles avec leurs redoublements.

EXEMPLE 30.

Intervalles simples. Unisson, 2de, 3ce, 4te, 5te, 6te, 7me, 8ve.
Intervalles redoublés. 8ve, 9e, 10e, 11e, 12e, 13e, 14e, 15e ou double octave.

Passons maintenant aux renversements.

Renversement des intervalles simples. §. 46. On renverse un intervalle en transportant la note grave à l'octave au-dessus, ou la note aiguë à l'octave au-dessous, de sorte qu'un intervalle et son renversement forment ensemble une octave. La première manière est plus usitée.

Intervalle. Renversement. ou : Intervalle. Renversement.
Plus usité. Moins usité.

Octave. Octave.

On voit dans cet exemple que la quarte renversée devient une quinte. Voici le tableau des intervalles simples avec leurs renversements.

EXEMPLE 52.

Intervalles.	Unisson,	2e,	3e,	4te,	5te,	6te,	7me,	8ve.
Renversements.	8ve,	7me,	6te,	5te,	4te,	3ce,	2de,	Unisson

D'où l'on voit qu'un unisson renversé devient une octave, qu'une seconde renversée devient une septième, etc.

L'exemple 51 prouve que la note grave d'un intervalle devient la note aiguë dans son renversement, et que par conséquent l'unisson et l'octave n'ont pas de renversement rigoureusement parlant, mais qu'on peut seulement les considérer comme les limites entre lesquelles les renversements peuvent s'effectuer. D'où on conclut que les intervalles composés ne peuvent pas se renverser, puisqu'en élevant d'une octave la note grave de ces intervalles elle serait encore la plus bass après l'opération du renversement.

Renversement des intervalles composés

EXEMPLE 55.

Neuvième. Renversement.

Dans cette neuvième le *ré* reste toujours au-dessous du *mi* ; donc il n'y a pas de renversement.

§ 17. Si nous augmentons d'un demi-ton les intervalles majeurs en diésant la note aiguë ou en bémolisant la note grave, et si nous diminuons d'un demi-ton les intervalles mineurs en bémolisant la note aiguë ou en diésant la note grave, nous aurons deux nouvelles espèces d'intervalles. Les intervalles devenus plus grands par la première opération s'appelleront *intervalles augmentés*, les intervalles devenus plus petits par la seconde opération seront nommés *intervalles diminués*. Ainsi la tierce majeure *ut — mi* deviendra augmentée en faisant *ut—mi♯* ou *ut♭—mi*, et la tierce mineure *ré — fa* deviendra diminuée en faisant *ré—fa♭* ou *ré♯—fa*.

Enfin augmentons de deux demi-tons les intervalles majeurs en bémolisant la note grave et en diésant la note aiguë, et diminuons de deux demi-tons les intervalles mineurs en diésant la note grave et en bémolisant la note aiguë, et nous aurons encore deux nouvelles espèces d'intervalles. Nous nommerons *maxime* la plus grande et *minime* la plus petite. Ainsi la tierce majeure *ut—mi* deviendra maxime en faisant *ut♭—mi♯*, et la troisième mineure *ré—fa* deviendra minime en faisant *ré♯—fa♭*. D'où nous conclurons que :

L'intervalle augmenté a un demi-ton de plus que l'intervalle majeur;
L'intervalle maxime a un demi-ton de plus que l'intervalle augmenté;
L'intervalle diminué a un demi-ton de moins que l'intervalle mineur;
L'intervalle minime a un demi-ton de moins que l'intervalle diminué.

Remarques. 1° Le majeur ayant un demi-ton de plus que le mineur, on peut toujours rendre majeur un intervalle mineur en y ajoutant un demi-ton; ce qui se fait en diésant la note aiguë ou en bémolisant la note grave. Exemple : *si—fa* quinte mineure, *si—fa♯* ou *si♭—fa* quinte majeure. On peut aussi le rendre augmenté en faisant les deux opérations à la fois. Exemple : *si—fa* quinte mineure, *si♭—fa♯* quinte augmentée, mais on ne peut le rendre maxime.

2° On peut toujours rendre mineur un intervalle majeur en en retranchant un demi-ton; ce qui se fait en bémolisant la note aiguë ou en diésant la note grave. Exemple : *sol—ré* quinte majeure, *sol—ré♭* ou *sol♯—ré* quinte mineure. On peut aussi le rendre diminué en faisant les deux opérations à la fois, exemple : *sol♯—ré♭* quinte diminuée; mais on ne peut pas le rendre minime. Deux notes données peuvent donc prendre les quatre formes majeur, mineur, augmenté, diminué, et seulement l'une des deux formes maxime ou minime.

A la vérité il y a une objection à faire sur ces deux remarques. On pourrait objecter qu'il est possible de faire de *si—fa* une quinte maxime en écrivant *sib—fa♯♯*, et de *sol—ré* une quinte minime en écrivant *sol♯—rébb*; mais il faut remarquer que ces intervalles doivent pouvoir s'exprimer à tous les degrés de l'échelle chromatique. En conséquence élevons la quinte maxime *sib—fa♯♯* d'un demi-ton, et nous aurons *si♮—fa* triple dièse ; de même descendons la quinte minime *sol♯—rébb* d'un demi-ton, et nous aurons *sol♮—ré* triple bémol ; or le triple dièse et le triple bémol étant tout à fait inusités, nous devons prendre notre point de départ exclusivement dans les intervalles qui ne contiennent que des dièses et des bémols, puisque ceux-ci ne peuvent amener par la transposition que des doubles dièses et des doubles bémols.

Il nous reste à parler de l'octave et de l'unisson qui diffèrent des autres intervalles en ce qu'ils ne sont ni majeurs ni mineurs. Ces deux espèces qu'on distingue dans les autres intervalles peuvent être considérées dans ceux-ci comme réunies sous une seule forme que nous appellerons *inaltérée*. De cette manière ces deux intervalles rentrent dans l'analogie des autres. L'octave qui aura un demi-ton de plus que l'octave inaltérée sera augmentée; celle qui aura un demi-ton de plus que l'octave augmentée sera maxime : l'octave qui aura un demi-ton de moins que l'octave inaltérée sera diminuée ; celle qui aura un demi-ton de moins que l'octave diminuée sera minime.

EXEMPLE 54.

8ᵉ inalt.   8ʳᵉ augmentée.   8ᵉ maxime.   8ʳᵉ diminuée.   8ᵉ minime.

12 demi-tons.   13 demi-tons.   14 demi-tons.   11 demi-tons.   10 demi-tons.

Ce que nous venons de dire de l'octave peut s'appliquer également

à l'unisson qui serait alors considéré comme un renversement de
l'octave.

Uniss. inalt.   Unisson diminué.   Uniss. minime.   Unisson augmenté.   Uniss. maxime.

Renv¹ de   Renversement de   Renv¹ de   Renversement de   Renv¹ de
l'octave   l'octave   l'octave   l'octave   l'octave
inaltérée.   augmentée.   maxime.   diminuée.   minime.

Impraticables (voy. § 16 à la fin).

Mais il faut remarquer que l'unisson diminué et l'unisson minime
sont impraticables, puisqu'il est impossible d'ôter où il n'y a rien (12).

Concluons de cette théorie élémentaire, dont nous tirerons par la
suite d'utiles conséquences, que les intervalles se présentent sous six
formes qui augmentent successivement d'un demi-ton lorsqu'on les
place dans cet ordre : minime, diminué, mineur, majeur, augmenté,
maxime. Mais remarquons que les intervalles maximes et minimes,
dont la réalité est évidente en théorie, sont inusités dans la pratique.
C'est pourquoi, dans le tableau qui suit, nous les avons mis en dehors
du cadre.

(12) Les personnes qui ont quelque notion de l'algèbre reconnaîtront que
l'unisson diminué, l'unisson minime, et la seconde minime sont des quantités
négatives.

Exemple 56.

INTERVALLES INUSITÉS.	Tableau des Intervalles (13).			INTERVALLES INUSITÉS.
Uniss. minime. —2 demi-tons.	Uniss. dim. —1 demi-t.	Unisson inaltéré. 0 demi-ton.	Uniss. augm. 1 demi-ton.	1er maxime. 2 demi-tons.

Impraticable. 2de minime. —1 demi-ton.	Impraticable. 2de diminuée. 0 demi-ton.	2de mineure. 1 demi-ton.	2de majeure. 2 demi-tons.	2de augment. 3 demi-tons.	2de maxime. 4 demi-tons.

ou

Impraticable. 3ce minime. 1 demi-ton.	3ce diminuée. 2 demi-tons.	3ce mineure. 3 demi-tons.	3ce majeure. 4 demi-tons.	3ce augment. 5 demi-tons.	3ce maxime. 6 demi-tons.

ou

4te minime. 3 demi-tons.	4te diminuée. 4 demi-tons.	4te mineure. 5 demi-tons.	4te majeure. 6 demi-tons.	4te augment. 7 demi-tons.	4te maxime. 8 demi-tons.

ou

5te minime. 4 demi-tons.	5te diminuée. 5 demi-tons.	5te mineure. 6 demi-tons.	5te majeure. 7 demi-tons.	5te augment. 8 demi-tons.	5te maxime. 9 demi-tons.

ou

6te minime. 6 demi-tons.	6te diminuée. 7 demi-tons.	6te mineure. 8 demi-tons.	6te majeure. 9 demi-tons.	6te augment. 10 demi-t.	6e maxime. 11 demi-tons.

ou

7me minime. 8 demi-tons.	7me diminuée. 9 demi-tons.	7me mineure. 10 demi-tons.	7me majeure. 11 demi-ton.	7me augment. 12 demi-t.	7me maxime. 13 demi-tons.

ou

8te minime. 10 demi-tons	8te diminuée. 11 demi-tons.	8te inaltérée. 12 demi-tons.		8te augment. 13 demi-tons.	8e maxime. 14 demi-tons.

(15) Ce tableau est le résultat de notre théorie des intervalles. Si on le compare à ceux qu'on trouve dans les méthodes élémentaires, on verra qu'il en dif-

Intervalles ma-
jeurs , mi-
neurs, aug-
mentés, di-
minués, etc.,
considérés
dans leurs
renversem.

§ 18. Revenons aux renversements.

Nous savons que l'octave renferme douze demi-tons, et que par conséquent un intervalle et son renversement complètent ensemble la somme de douze demi-tons (§ 16). Remettons sous nos yeux les inter-

fère notablement. Cela est facile à expliquer. Les auteurs qui ont traité des principes de la musique n'étant pas versés dans les sciences exactes n'ont pas vu que cette matière est susceptible d'être traitée avec toute la rigueur des démonstrations géométriques. Ils se sont arrêtés à quelques apparences et ont dû par conséquent commettre beaucoup d'erreurs. Mais nous ne nous bornerons pas à une vaine critique; nous rechercherons les causes des erreurs des musiciens, et cette recherche tournera au profit de notre instruction. Voici le tableau des intervalles tel qu'il se trouve le plus ordinairement dans les solféges :

Seconde mineure	Seconde majeure	Seconde augm. ou superflue
ut—ré♭	*ut—ré*	*ut—ré♯*
1 demi-ton.	2 demi-tons.	3 demi-tons.

Tierce diminuée	Tierce mineure	Tierce majeure
ut♯—mi♭	*ut—mi♭*	*ut—mi*
2 demi-tons.	3 demi-tons.	4 demi-tons.

Quarte diminuée	Quarte juste ou inaltérée	Quarte augmentée ou triton
ut♯—fa	*ut—fa*	*ut—fa♯*
4 demi-tons.	5 demi-tons.	6 demi-tons.

Quinte dim. ou fausse quinte	Quinte juste ou inaltérée	Quinte augmentée
ut♯—sol	*ut—sol*	*ut—sol♯*
6 demi-tons.	7 demi-tons.	8 demi-tons.

Sixte mineure	Sixte majeure	Sixte augmentée
ut♯—la	*ut—la*	*ut—la♯*
8 demi-tons.	9 demi-tons.	10 demi-tons.

Septième diminuée	Septième mineure	Septième majeure
ut♯—si♭	*ut—si♭*	*ut—si*
9 demi-tons.	10 demi-tons.	11 demi-tons.

On voit quel désordre règne dans ce tableau. Cherchons maintenant d'où il provient. Les auteurs que nous réfutons n'ont pas fait de théorie sur les intervalles, ils se sont bornés à inscrire les faits qui se sont présentés à leurs yeux. Ainsi, après avoir placé dans le tableau ci-dessus les secondes, tierces, sixtes et septièmes valles majeurs et mineurs avec le nombre de demi-tons qu'ils contiennent :

Intervalles.	2^{ds},	3^{ce},	4te,	5te,	6te,	7me.
Contenu des intervalles majeurs.	2,	4,	6,	7,	9,	11 demi-tons.
Contenu des intervalles mineurs.	1,	3,	5,	6,	8,	10 demi-tons.

Plaçons le contenu de chaque intervalle majeur vis-à-vis de son renversement, nous aurons le tableau suivant :

Contenu des intervalles majeurs.	2,	4,	6,	7,	9,	11,	demi-tons.
Contenu de leurs renversements.	10,	8,	6,	5,	3,	1,	demi-tons.
Somme des demi-tons ou octaves.	12,	12,	12,	12,	12,	12.	

Ce tableau démontre avec évidence que les renversements des intervalles majeurs sont les intervalles mineurs.

majeures et mineures, ils y ont ajouté : 1° la septième diminuée, formée par la septième note du mode mineur haussée d'un demi-ton et la sixième, comme *sol#—fa* en *la* mineur; 2° la sixte augmentée, formée par la sixième note du même mode et la quatrième haussée d'un demi-ton, comme *fa—ré#* ; 5° enfin la quinte augmentée qui sert ordinairement de passage entre la quinte et la sixte majeure, comme *ut—sol#* entre *ut—sol* et *ut—la*. Ces trois intervalles : septième diminuée, sixte augmentée et quinte augmentée, étant très usités, ont dû trouver place avec leurs renversements à côté des intervalles majeurs et mineurs inscrits ci-dessus. Une singularité de ce tableau, c'est la nomenclature de la quinte et de la quarte. Les praticiens nomment *diminuée* la quinte mineure, et *augmentée* la quarte majeure. C'est qu'ils ont donné la qualification d'augmenté et de diminué aux plus grands et aux plus petits des intervalles usités. Or, les accords fondamentaux ne contenant pas de quarte plus grande que la quarte majeure, ni de quinte plus petite que la quinte mineure, ils ont pris la quarte majeure pour une quarte augmentée, et la quinte mineure pour une quinte diminuée. Quant aux quartes et aux quintes véritablement majeures et mineures, ne sachant plus à quelle espèce les rapporter, ils les ont nommées *justes*, *parfaites*, *inaltérées*, etc.

Cependant quelques intervalles qui ne se trouvent pas dans ce tableau ont reconquis leurs titres. Ce sont : d'abord la seconde diminuée, comme *fa#—solb*, fréquemment employée dans les transitions enharmoniques ; son renversement, la septième augmentée, a repris son rang en même temps ; ensuite la tierce augmentée et la sixte diminuée, qui à la vérité n'entrent dans aucun accord fonda-

La réciproque est vraie, car le tableau peut être disposé comme il suit :

Contenu des intervalles mineurs.	1,	3,	5,	6,	8,	10, demi-tons.
Contenu de leurs renversements.	11,	9,	7,	6,	4,	2, demi-tons.
Somme des demi-tons ou octaves.	12,	12,	12,	12,	12,	12.

où l'on voit que les renversements des intervalles mineurs sont les intervalles majeurs. De plus, il est évident que plus un intervalle est grand, plus son renversement est petit, et *vice versa*. Donc, si on augmente un intervalle d'un demi-ton, son renversement diminue d'un demi-ton; si on augmente un intervalle de deux demi-tons, son ren-

mental, mais qui pour cela ne sont pas exclues de l'harmonie; elles peuvent se trouver formées par la rencontre de deux parties dont l'une est altérée.

1er EXEMPLE.

Harmonie tirée d'une étude de Désormery.

3ce augm.

2e EXEMPLE.

Harmonie tirée de la sonate pathétique de Beethoven.

6te dim.

Dans le premier exemple le *fa♯* appoggiature du *sol* fait tierce augmentée avec le *ré♭*. Dans le second exemple l'*ut♯* appoggiature du *ré* fait sixte diminuée avec le *la♭*. Ces exemples, qui ne sont pas rares en harmonie, ont fait reconnaître à quelques auteurs que la tierce augmentée et la sixte diminuée devaient reprendre leur place dans le tableau des intervalles.

Enfin si la vraie quinte diminuée et la vraie quarte augmentée n'ont pas obtenu jusqu'à présent le même honneur, c'est que ces intervalles sont d'un emploi très rare, mais cependant on ne peut nier leur existence. En voici un exemple que

versement diminue de deux demi-tons, et ainsi de suite ; d'où nous établirons les règles suivantes :

Un intervalle majeur	a pour renversement un	intervalle mineur.
— mineur	—	— majeur.
— augmenté	—	— diminué.
— diminué	—	— augmenté.
— maxime	—	— minime.
— minime	—	— maxime
— inaltéré	—	— inaltéré.

§ 49. Parmi les intervalles, la quinte majeure jouit de propriétés importantes que nous allons étudier.

Si nous plaçons les notes de la gamme en ordre de quintes majeures : *fa, ut, sol, ré, la, mi, si,* et que nous cherchions quels sont les inter-

Formation des intervalles par la succession des quintes majeures.

nous tirons du *Traité de composition* de M. Zimmerman, troisième partie de sa méthode de piano.

Exemple de Zimmerman.　　　　Renversement de la même harmonie.
5ᵗᵉ dim.

4ᵉ augm

Les notes de passage *lab* et *ré♯* font une quarte augmentée. En renversant cet intervalle on trouve une quinte diminuée formée par le *ré♯* et le *lab*. Ces exemples ne sont peut-être pas aussi rares qu'ils le paraissent ; mais il arrive souvent qu'on substitue à l'une des deux notes son enharmonique, ce qui change l'aspect de l'intervalle. Si par exemple M. Zimmerman avait écrit *mib* au lieu de *ré♯*, on aurait eu la quinte majeure *lab—mib* au lieu de la quarte augmentée *lab—ré♯*, et dans le renversement la quarte mineure *mib—lab* au lieu de la quinte diminuée *ré♯—lab*. Mais la notation qu'il a choisie est beaucoup plus exacte.

Catel, dans son *Traité d'harmonie*, page 51, cite un exemple semblable, et il dit à ce sujet : « Pour éviter l'intervalle de quarte *doublement augmentée* (doublement augmentée ! ! !) qui existe du *lab—ré♯*, on écrit *mib* au lieu de *ré♯*. » Il aurait dû ajouter « et on a tort, » car il est évident que le *ré* s'élève au *mi* par un demi-ton chromatique.

valles qui existent entre la première note et chacune des sept qui composent cette succession, nous trouverons les résultats suivants :

De *fa* à *fa* •	un unisson inaltéré.
De *fa* à *ut* 1 quinte	une quinte majeure.
De *fa* à *sol* 2 quintes donnant une neuvième	ou seconde majeure.
De *fa* à *ré* 3 quintes donnant une treizième	ou sixte majeure.
De *fa* à *la* 4 quintes donnant une dix-septième	ou tierce majeure.
De *fa* à *mi* 5 quintes donnant une vingt-unième	ou septième majeure.
De *fa* à *si* 6 quintes donnant une vingt-cinquième	ou quarte majeure.

Intervalles majeurs. Ce qui démontre que les intervalles majeurs sont engendrés par la succession ascendante de six quintes majeures.

Voici ces mêmes intervalles rétablis dans leur ordre naturel :

EXEMPLE 57.

2de maj.   3^{ce} maj.   4te maj.   5te maj.   6^{ce} maj.   7me maj.

fa — sol   fa — la   fa — si   fa — ut   fa — ré   fa — mi

Intervalles mineurs. Et, comme on peut opérer le renversement des intervalles en transportant la note aiguë à l'octave au-dessous (§ 16), et que les intervalles majeurs donnent par leurs renversements des intervalles mineurs ; si nous renversons tous ces intervalles et que nous disposions le tableau de ces renversements dans l'ordre inverse, afin d'avoir la seconde en tête, nous obtiendrons tous les intervalles mineurs.

EXEMPLE 58.

2de min.   3^{ce} min.   4te min.   5te min.   6^{ce} min.   7me min.

fa — mi   fa — ré   fa — ut   fa — si   fa — la   fa — sol

Donc, de *fa* à une note naturelle plus haute, les intervalles sont majeurs;

Et de *fa* à une note naturelle plus basse, les intervalles sont mineurs.

Si nous prolongeons la succession ascendante des quintes majeures *fa, ut, sol, ré, la, mi, si,* la note qui viendra après le *si* sera un *fa♯*; la suivante sera un *ut♯*; les autres seront *sol♯, ré♯, la♯, mi♯, si♯*. Composons un nouveau tableau dans lequel nous combinerons successivement chaque note de cette nouvelle série avec le *fa* première note, nous trouverons que (en réduisant tout de suite les intervalles composés à l'état simple) :

Intervalles augmentés et diminués.

Il y a de *fa* à *fa♯*	7 quintes donnant un	unisson	augmenté.
de *fa* à *ut♯*	8 quintes donnant une	quinte	augmentée.
de *fa* à *sol♯*	9 quintes donnant une	seconde	augmentée.
de *fa* à *ré♯*	10 quintes donnant une	sixte	augmentée.
de *fa* à *la♯*	11 quintes donnant une	tierce	augmentée.
de *fa* à *mi♯*	12 quintes donnant une	septième	augmentée.
de *fa* à *si♯*	13 quintes donnant une	quarte	augmentée.

Ce qui démontre que les intervalles augmentés sont engendrés par la succession ascendante de treize quintes majeures.

Les renversements de ceux-ci donneront tous les intervalles diminués. C'est ce que représentent les deux exemples suivants :

EXEMPLE 39.

2ᵉ augm.   3ᶜᵉ augm.   4ᵗᵉ augm.   5ᵗᵉ augm.   6ᵗᵉ augm.   7ᵐᵉ augm.

EXEMPLE 40.

2ᵉ dim.   3ᶜᵉ dim.   4ᵗᵉ dim.   5ᵗᵉ dim.   6ᵗᵉ dim.   7ᵐᵉ dim.

Donc : de *fa* à une note dièse plus haute, les intervalles sont augmentés ;

Et de *fa* à une note dièse plus basse, les intervalles sont diminués.

Enfin, en continuant la succession, on trouverait après les dièses : *fa* ♯, *ut* ♯, *sol* ♯, *ré* ♯, *la* ♯, *mi* ♯, *si* ♯; et en combinant cette série de doubles dièses avec le *fa* primitif, on formerait tous les intervalles maximes. Leurs renversements donneraient les intervalles minimes.

Remarque. Les intervalles majeurs et mineurs se trouvent tous réunis dans une même gamme ; au contraire, les notes dont se composent les intervalles augmentés et diminués appartiennent toujours à des gammes différentes. Cette proposition sera prouvée quand on aura lu le chapitre des tons.

(marge : Intervall. maximes et minimes.)

CHAPITRE II.

De la génération des dièses et des bémols.

§ 20. Nous venons de voir que la succession de quintes majeures peut se prolonger en montant par le moyen des dièses ; nous allons démontrer maintenant qu'elle peut se prolonger en descendant par le moyen des bémols.

Reprenons cette succession *fa, ut, sol, ré, la, mi, si,* et remarquons que l'ordre est ascendant lorsque nous parcourons cette ligne de gauche à droite, et qu'il est descendant lorsque nous la parcourons de droite à gauche. Il est impossible avec les notes naturelles seules de pousser plus loin cette suite de quintes dans l'un ni dans l'autre sens, puisqu'en ajoutant un *fa* en montant, ou un *si* en descendant, nous aurions dans l'un et dans l'autre cas une quinte mineure. Mais, comme on peut rendre majeure la quinte *si—fa* (§ 17, 2°), soit en diésant le *fa*, soit en bémolisant le *si*, on prolongera cette suite d'une quinte majeure en montant, en y ajoutant un *fa*♯, et, en descendant, en y ajoutant un *si*♭. On continuera la succession en montant jusqu'à ce qu'on ait diésé toutes les notes, et de même on la conti-

(marge : Formation de l'échelle des dièses et des bémols.)

nuera en descendant jusqu'à ce qu'elles soient toutes bémolisées. Lorsqu'en montant on sera arrivé au *si* dièse, on entrera dans la série des doubles dièses qui commencera au *fa*, et se terminera au *si;* et lorsqu'en descendant on sera arrivé au *fa* bémol, on entrera dans la série des doubles bémols qui commencera au *si* et se terminera au *fa;* enfin, à la suite des doubles dièses et des doubles bémols, on trouverait les triples dièses et les triples bémols. Théoriquement, cette succession serait infinie, mais on la termine au dernier double dièse et au dernier double bémol; de sorte que la succession générale des quintes se compose de cinq séries, savoir : celle des notes naturelles, celle des dièses, celle des bémols, celle des doubles dièses et celle des doubles bémols. (*Voyez* le tableau ci-contre, exemple 41.)

44

ÉXEMPLE 41.

Tableau de la génération des dièses et des bémols.

21 *fa* triple dièse.

	Série des doub. dièses.	20 *si* ♯. 19 *mi*♯. 18 *la* ♯. 17 *ré* ♯. 16 *sol*♯. 15 *ut* ♯. 14 *fa* ♯.
Quintes maj. ascendantes.	Série des dièses.	13 *si* ♯. 12 *mi*♯. 11 *la* ♯. 10 *ré* ♯. 9 *sol*♯. 8 *ut* ♯. 7 *fa* ♯.
	Série des notes naturelles.	6 *si* ♮. 5 *mi*♮. 4 *la* ♮. 3 *ré* ♮. 2 *sol*♮. 1 *ut* ♮. *fa* ♮

si ♮ 1. *mi*♮ 2. *la* ♮ 3. *ré* ♮ 4. *sol*♮ 5. *ut* ♮ 6. *fa* ♮	Série des notes naturelles.	
si ♭ 7. *mi*♭ 8. *la*♭ 9. *ré* ♭ 10. *sol*♭ 11. *ut* ♭ 12. *fa* ♭ 13.	Série des bémols.	Quintes maj. descendantes.
si ♭♭ 14. *mi*♭♭ 15. *la* ♭♭ 16. *ré* ♭♭ 17. *sol*♭♭ 18. *ut* ♭♭ 19. *fa* ♭♭ 20.	Série des doubles bém.	

si triple bém. 21.

Nous conclurons de ce tableau les règles suivantes :

1° Les sept dièses sont engendrés par la succession ascendante de treize quintes majeures; les sept bémols par la succession descendante de treize quintes majeures.

2° Les dièses prennent leur position de quinte *en quinte* en montant, en commençant par *fa ;* les bémols de quinte en quinte, en descendant en commençant par *si;* de sorte que le premier dièse est *fa,* le deuxième est *ut,* le troisième est *sol,* etc. Le premier bémol est *si,* le deuxième est *mi,* le troisième est *la,* etc.

3° La quinte *si—fa* rendue majeure servant de jonction à deux séries consécutives est toujours exprimée par deux notes différemment altérées : comme *si—fa♯, si♭—fa,* etc., tandis que les autres quintes renfermées dans une même série sont toujours exprimées par deux notes de même altération, comme *ut—sol, ré♯—la♯, mi♭—si♭,* etc. Il résulte de cette propriété qu'en prenant dans la succession générale des quintes deux notes formant un intervalle quelconque, la quinte *si—fa* ne se trouvera pas entre ces deux notes si l'intervalle est formé de deux notes d'altération semblable, et qu'au contraire elle s'y trouvera si l'intervalle est formé de deux notes d'altération différente. Exemples : la sixte majeure *sol♯—mi♯,* composée de deux notes de même altération, est formée par la succession *sol♯, ré♯, la♯, mi♯,* qui ne renferme pas la quinte *si—fa;* tandis que la septième majeure *mi♭—ré,* composée de deux notes d'altération différente, est formée de la succession *mi♭, si♭—fa, ut, sol, ré,* qui renferme la quinte *si—fa.* On remarquera que les intervalles augmentés contiennent nécessairement cette quinte, puisqu'ils sont toujours formés de notes différemment altérées (§ 19). S'il est question d'un intervalle mineur ou diminué, il faut renverser cet intervalle et suivre l'ordre descendant. Par exemple, la tierce mineure *la♯—ut♯* a pour renversement la sixte majeure *la♯—ut♯,* formée de la succession descendante *la♯, ré♯, sol♯, ut♯,* qui ne contient pas la quinte *fa—si ;* au contraire, la tierce diminuée *sol♯—si♭* renversée est le produit de la succession *sol♯, ut♯ fa♯—si, mi, la, ré, sol, ut, fa—si♭,* dans laquelle se trouve la quinte *fa—si.*

4° Cette même succession de quintes *fa, ut, sol, ré, la, mi, si, fa♯, ut♯,* etc., explique aussi pourquoi on ne trouve en notes naturelles que cinq secondes majeures, quatre sixtes majeures, etc. (*Voyez* l'exemple 28, § 14.) Car les secondes majeures embrassant deux quintes majeures ne peuvent commencer, pour être formées de notes naturelles, que par une des cinq notes : *fa, ut, sol, ré* ou *la;* celle qui commencerait au *mi* se terminerait au *fa♯* : il n'y a donc que cinq secondes majeures en notes naturelles, lesquelles donnent par leur renversement cinq septièmes mineures. De même les sixtes majeures ne peuvent commencer que par une des quatre notes : *fa, ut, sol* ou *ré;* celle qui commencerait au *mi* se terminerait à l'*ut♯* : il n'y a donc que quatre sixtes majeures en notes naturelles, ou par leur renversement quatre tierces mineures. D'après cela il ne peut y avoir qu'une quarte majeure, ou par le renversement une quinte mineure, puisqu'il faut toute la série des six quintes pour former la quarte majeure. On obtiendrait les mêmes résultats en suivant la succession des quintes en descendant, mais les altérations seraient en bémols au lieu d'être en dièses.

CHAPITRE III.

Des Tons.

Signification du mot ton.

§ 24. Le mot *ton* a plusieurs significations en musique : il faut entendre ici par ce mot l'ensemble des notes d'une gamme, abstraction faite de leur ordre. Par exemple, quand on dit qu'un morceau est dans le ton d'*ut* ou simplement en *ut*, cela veut dire qu'il y entre toutes les notes de la gamme d'*ut*.

Chaque note du ton a un nom relatif à la place qu'elle occupe dans la gamme. La première note d'une gamme se nomme *tonique;* la cinquième se nomme *dominante*, comme étant la principale après la tonique; la troisième médiante, parce qu'elle tient le milieu entre la première et la cinquième; la septième sensible, parce qu'elle fait sentir le ton; il faut remarquer que celle-ci est toujours placée un demi-ton au-dessous de la tonique; la deuxième se nomme sus-tonique, la quatrième sous-dominante, la sixième sus-dominante. On les distingue aussi par leur numéro d'ordre : première, deuxième, troisième, etc., note du ton.

Par exemple, dans le ton d'*ut* on aura :

EXEMPLE 42.

1re.	2me.	3me.	4me.	5me.	6me.	7me.	1re.
Tonique.	Sus-tonique.	Médiante.	Sous-dominante.	Dominante.	Sus-dominante.	Sensible.	Tonique.
ut	*ré*	*mi*	*fa*	*sol*	*la*	*si*	*ut*
	ton	ton	demi-ton	ton	ton	ton	demi-ton

Nota. Les noms de sus-tonique et de sus-dominante sont peu usités.

§ 22. Nous avons vu que les sept notes de la gamme d'*ut* peuvent être disposées de manière à former une suite non interrompue de quintes majeures; et comme nous savons qu'avec les dièses et les bémols on peut toujours construire des suites semblables (§ 20), nous pouvons en conclure que toute suite de six quintes majeures donne sept notes avec lesquelles on peut former une gamme semblable à la gamme d'*ut*. Cette propriété est le principe de la formation des tons.

Replaçons les sept notes de la gamme d'*ut* en ordre de quintes :

	1	2				
fa	*ut*	*sol*	*ré*	*la*	*mi*	*si*
	6	5	4	3	2	1

Principe de la formation des tons.

et remarquons que dans cette disposition la tonique est la deuxième note en montant, ou la sixième en descendant. Cette propriété de la gamme d'*ut* étant reconnue, nous pouvons former une autre gamme en plaçant sept autres notes dans le même ordre.

Par exemple, la suite :

	1	2				
sol	*ré*	*la*	*mi*	*si*	*fa♯*	*ut♯*

Tons par dièses.

donnera les notes de la gamme de *ré*, puisque le *ré* occupe la seconde place en montant ; et en rétablissant ces sept notes dans l'ordre de la gamme, nous verrons que cette gamme est tout à fait semblable à celle d'*ut.*

EXEMPLE :

ton	ton	demi-ton	ton	ton	ton	demi-ton
ré	*mi*	*fa*♯	*sol*	*la*	*si*	*ut*♯	*ré*

Formons une autre gamme avec des bémols : la tonique occupera la sixième place, parce que les bémols se comptent en descendant. Par exemple, cette suite :

Tons par bémols.

1	2	3	4	5	6	
ré	*sol*	*ut*	*fa*	*si*♭	*mi*♭	*la*♭

donnera les notes de la gamme de *mi*♭, puisque le *mi*♭ occupe la sixième place en descendant ; et en rétablissant ces notes dans l'ordre de la gamme, nous reconnaîtrons encore que cette gamme est semblable à celle d'*ut.*

EXEMPLE :

ton	ton	demi-ton	ton	ton	ton	demi-ton
mi♭	*fa*	*sol*	*la*♭	*si*♭	*ut*	*ré*	*mi*♭

Pour trouver méthodiquement tous les tons par dièses, il faut prendre dans la succession *fa, ut, sol, la, mi, si, fa*♯, *ut*♯, *sol*♯, *ré*♯, *la*♯, *mi*♯, *si*♯; les séries partielles d'*ut* à *fa*♯, de *sol* à *ut*♯, de *ré* à *sol*♯, etc., jusqu'à la fin ; et pour trouver les tons par bémols, prendre dans la succession *si, mi, la, ré, sol, ut, fa, si*♭, *mi*♭, *la*♭, *ré*♭, *sol*♭, *ut*♭, *fa*♭, les séries partielles de *mi* à *si*♭, de *la* à *mi*♭, de *ré* à *la*♭, etc. On trouvera ainsi quinze tons, savoir : sept par dièses, sept par bémols, et le ton naturel d'*ut*, compris de *fa* à *si* en montant, ou de *si* à *fa* en descendant.

EXEMPLE 45.

Quintes ascendantes, *fa, ut, sol, ré, la, mi, si, fa♯, ut♯, sol♯, ré♯, la♯, mi♯, si♯.*

Gammes.

			ton	ton	d.-t.	ton	ton	ton	d.-t.
de *fa* à *si*	de *ut* naturel		*ut,*	*ré,*	*mi,*	*fa,*	*sol,*	*la,*	*si,*	*ut.*
de *ut* à *fa♯*	de *sol* qui a 1 dièse	*sol,*	*la,*	*si,*	*ut,*	*ré,*	*mi,*	*fa♯,*	*sol.*
de *sol* à *ut♯*	de *ré*	2	*ré,*	*mi,*	*fa♯,*	*sol,*	*la,*	*si,*	*ut♯,*	*ré.*
de *ré* à *sol♯*	de *la*	3	*la,*	*si,*	*ut♯,*	*ré,*	*mi,*	*fa♯,*	*sol♯,*	*la.*
de *la* à *ré♯*	de *mi*	4	*mi,*	*fa♯,*	*sol♯,*	*la,*	*si,*	*ut♯,*	*ré♯,*	*mi.*
de *mi* à *la♯*	de *si*	5	*si,*	*ut♯,*	*ré♯,*	*mi,*	*fa♯,*	*sol♯,*	*la♯*	*si.*
de *si* à *mi♯*	de *fa♯*	6	*fa♯,*	*sol♯,*	*la♯,*	*si,*	*ut♯,*	*ré♯,*	*mi♯,*	*fa♯.*
de *fa♯* à *si♯*	de *ut♯*	7	*ut♯,*	*ré♯,*	*mi♯,*	*fa♯,*	*sol♯,*	*la♯,*	*si♯,*	*ut♯.*

Les 7 notes comprises / donnent le ton

EXEMPLE 44.

Quintes descendantes, *si, mi, la, ré, sol, ut, fa, si♭, mi♭, la♭, ré♭, sol♭, ut♭, fa♭.*

Gammes.

			ton	ton	d.-t.	ton	ton	ton	d.-t.
de *si* à *fa*	de *ut* naturel.		*ut,*	*ré,*	*mi,*	*fa,*	*sol,*	*la,*	*si,*	*ut.*
de *mi* à *si♭*	de *fa* qui a 1 bémol	*fa,*	*sol,*	*la,*	*si♭,*	*ut,*	*ré,*	*mi,*	*fa.*
de *la* à *mi♭*	de *si♭*	2	*si♭,*	*ut,*	*ré,*	*mi♭,*	*fa,*	*sol,*	*la.*	*si♭.*
de *ré* à *la♭*	de *mi♭*	3	*mi♭,*	*fa,*	*sol,*	*la♭,*	*si♭,*	*ut,*	*ré,*	*mi♭.*
de *sol* à *ré♭*	de *la♭*	4	*la♭,*	*si♭,*	*ut,*	*ré♭,*	*mi♭,*	*fa,*	*sol,*	*la♭.*
de *ut* à *sol♭*	de *ré♭*	5	*ré♭,*	*mi♭,*	*fa,*	*sol♭,*	*la♭,*	*si♭,*	*ut,*	*ré♭.*
de *fa* à *ut♭*	de *sol♭*	6	*sol♭,*	*la♭,*	*si♭,*	*ut♭,*	*ré♭,*	*mi♭,*	*fa,*	*sol♭.*
de *si♭* à *fa♭*	de *ut♭*	7	*ut♭,*	*ré♭,*	*mi♭,*	*fa♭,*	*sol♭,*	*la♭,*	*si♭,*	*ut♭.*

Les 7 notes comprises / donnent le ton

CHAPITRE IV.

Des Modes.

§ 25. Toutes ces gammes sont formées sur le modèle de celle d'*ut*. On sait que leur similitude résulte de la position des demi-tons, qui sont placés de la troisième à la quatrième note et de la septième à la huitième; les autres intervalles sont des tons : cette disposition constitue la gamme majeure. Il y a aussi des gammes formées sur un autre modèle qu'on appelle gammes mineures. Ces deux manières de former la gamme se nomment *modes*. Il y a donc deux modes : le

Gamme mineure.
Modes.

7

mode majeur et le mode mineur. Dans les gammes mineures les deux demi-tons sont placés de la deuxième à la troisième note et de la cinquième à la sixième.

Gamme mineure.

ton demi-ton ton   ton demi-ton ton   ton

On voit que la gamme mineure est formée des mêmes notes que la gamme majeure, mais disposées dans un autre ordre. Avant d'essayer cette gamme sur le clavier, il faut lui faire subir une modification qui consiste à hausser la septième note d'un demi-ton, parce que l'oreille exige que cette note soit à un demi-ton de la huitième, surtout en montant. C'est alors qu'elle devient note sensible (§ 21). La gamme mineure ainsi modifiée s'exécutera comme il suit :

EXEMPLE 46.

La gamme mineure est susceptible de recevoir d'autres altérations, mais nous invitons les élèves à la chanter comme elle est écrite ici pour bien se former l'oreille à la tonalité mineure (14). Exami-

(14) Nous n'avons pas l'intention de prononcer sur le mérite de la meilleure gamme mineure ; nous les croyons toutes bonnes lorsqu'elles sont employées selon l'exigence de l'harmonie. Mais nous insistons sur ce point, que pour les élèves il faut choisir celle qui a une forme bien déterminée, et parfaitement distincte de la gamme majeure. Or, celle que nous recommandons satisfait à ces conditions. Elle conserve les deux notes caractéristiques du mode : la tierce et la sixte mi-

51

nous maintenant la relation qui existe entre les gammes des deux modes.

§ 24. On nomme *accord parfait* l'accord qui est composé d'une tierce majeure ou mineure et d'une quinte majeure. (On compte les intervalles de la note la plus basse.) L'accord est majeur lorsque la tierce est majeure, il est mineur lorsque la tierce est mineure. Par exemple, l'accord *ré—fa♯—la* est un accord parfait majeur parce qu'il se compose de la tierce majeure *ré—fa♯*, et de la quinte majeure *ré—la*. L'accord *ré—fa—la* est mineur parce qu'il se compose de la tierce mineure *ré—fa*, et de la quinte majeure *ré—la*. Or l'accord parfait formé par la première, la troisième, et la cinquième note d'une gamme majeure comme *ut—mi—sol* est majeur; et l'accord parfait formé par la première, la troisième, et la cinquième note d'une gamme mineure comme *la—ut—mi* est mineur. Ce sont ces deux sortes d'accords parfaits qui ont fait donner aux deux modes les dénominations de majeur et de mineur. Lorsque deux gammes, l'une majeure, l'autre mineure, sont composées des mêmes notes, on dit qu'elles sont *relatives ;* et voici pourquoi : prenons pour exemple les gammes d'*ut* majeur et de *la* mineur composées toutes deux des sept notes naturelles. Si à la tierce majeure formée par la première et la troisième note de la gamme majeure *ut—mi* on ajoute le *sol* tierce mineure au-dessus, on aura l'accord parfait majeur *ut—mi—sol*. Si au contraire à cette tierce majeure *ut—mi* on ajoute

Relation des modes.

neure ; la sensible s'y fait entendre en montant et en descendant ; et la seconde augmentée, qui se trouve de la sixième à la septième note, lui donne un caractère qui frappe mieux que tout autre les commençants. Au contraire, la gamme

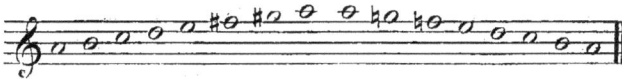

qu'on trouve dans la plupart des méthodes leur présente trois gammes confondues dans une seule et égare leur oreille. Le premier tétracorde *la—si—ut—ré* appartient au ton de *la* mineur, le second *mi—fa♯—sol♯—la* appartient au ton de *la* majeur, enfin la gamme descendante se faisant sans altération leur représente le ton d'*ut* majeur.

le *la* au-dessous pour former la tierce mineure *la—ut*, on aura
l'accord parfait mineur *la—ut—mi*. La tierce majeure *ut—mi* est
donc commune aux deux accords *la—ut—mi* et *ut—mi—sol*; c'est en
cela que consiste la relation des deux modes.

EXEMPLE 47.

Ton majeur.   Ton min. relatif.

Cet exemple fait voir que la tonique mineure est placée une
tierce mineure au-dessous de la tonique majeure relative; d'où on
conclut ces deux règles : 1° La tonique mineure est la sixième note
de la gamme majeure relative; 2° la tonique majeure est la troisième
note de la gamme relative mineure. Ce rapport de positions donne
un moyen facile de trouver la gamme mineure quand on connaît la
gamme majeure, et réciproquement. Par exemple, si on demandait
quelle est la gamme relative de *la* majeur, on prendrait la sixième
note de ce ton qui est *fa♯* et on écrirait les autres notes du ton à la
suite de celle-ci, ce qui donnerait *fa♯, sol♯, la, si, ut♯, ré, mi, fa♯*.
Si on voulait trouver le ton majeur d'après le ton mineur, il faudrai
partir de la troisième note du ton mineur et placer les autres note
à la suite : ainsi la gamme mineure *fa, sol, la♭, si♭, ut, ré♭, mi♭,
fa*, donnerait pour la gamme majeure relative *la♭, si♭, ut, ré♭,
mi♭, fa, sol, la♭*. Il faudrait toujours avoir soin, si on voulait entendre ces gammes mineures, de hausser la septième note d'un demi-
ton; mais dans la théorie il est inutile de faire cette altération.

On peut aussi appliquer au ton mineur les règles que nous avons
données sur le ton majeur. En disposant en ordre de quintes les sept
notes naturelles

	1	2	3	4	5		
	fa	ut	sol	ré	la	mi	si
					3	2	1

on verra que la tonique mineure occupe la cinquième place en montant, c'est-à-dire pour les tons diésés, et la troisième en descendant, c'est-à-dire pour les tons bémolisés.

Alors pour trouver les tons diésés on se servira de la succession *fa, ut, sol, ré, la, mi, si, fa♯, ut♯, sol♯, ré♯, la♯, mi♯, si♯*, et on trouvera que

EXEMPLE 48.

Gammes.

			ton	d.-t.	ton	ton	d.-t.	ton	ton
de *fa* à *si*	de *la* naturel.		*la,*	*si,*	*ut,*	*ré,*	*mi,*	*fa,*	*sol,*	*la.*
de *ut* à *fa♯*	de *mi* qui a 1 dièse		*mi,*	*fa♯,*	*sol,*	*la,*	*si,*	*ut,*	*ré,*	*mi.*
de *sol* à *ut♯*	de *si*	2	*si,*	*ut♯,*	*ré,*	*mi,*	*fa♯,*	*sol,*	*la,*	*si.*
de *ré* à *sol♯*	de *fa♯*	3	*fa♯,*	*sol♯,*	*la,*	*si,*	*ut♯,*	*ré,*	*mi,*	*fa♯.*
de *la* à *ré♯*	de *ut♯*	4	*ut♯,*	*ré♯,*	*mi,*	*fa♯,*	*sol♯,*	*la,*	*si,*	*ut♯.*
de *mi* à *la♯*	de *sol♯*	5	*sol♯,*	*la♯,*	*si,*	*ut♯,*	*ré♯,*	*mi,*	*fa♯,*	*sol♯.*
de *si* à *mi♯*	de *ré♯*	6	*ré♯,*	*mi♯,*	*fa♯,*	*sol♯,*	*la♯,*	*si,*	*ut♯,*	*ré♯.*
de *fa♯* à *si♯*	de *la♯*	7	*la♯,*	*si♯,*	*ut♯,*	*ré♯,*	*mi♯,*	*fa♯,*	*sol♯,*	*la♯.*

(Les 7 notes comprises / donnent le ton)

Pour les tons bémolisés on se servira de la succession descendante *si, mi, la, ré, sol, ut, fa, si♭, mi♭, la♭, ré♭, sol♭, ut♭, fa♭*, et on trouvera que

EXEMPLE 49.

Gammes.

			ton	d.-t.	ton	ton	d.-t.	ton	ton
de *si* à *fa*	de *la* naturel.		*la,*	*si,*	*ut,*	*ré,*	*mi,*	*fa,*	*sol,*	*la.*
de *mi* à *si♭*	de *ré* qui a 1 bémol		*ré,*	*mi,*	*fa,*	*sol,*	*la,*	*si♭,*	*ut,*	*ré.*
de *la* à *mi♭*	de *sol*	2	*sol,*	*la,*	*si♭,*	*ut,*	*ré,*	*mi♭,*	*fa,*	*sol.*
de *ré* à *la♭*	de *ut*	3	*ut,*	*ré,*	*mi♭,*	*fa,*	*sol,*	*la♭,*	*si♭,*	*ut.*
de *sol* à *ré♭*	de *fa*	4	*fa,*	*sol,*	*la♭,*	*si♭,*	*ut,*	*ré♭,*	*mi♭,*	*fa.*
de *ut* à *sol♭*	de *si♭*	5	*si♭,*	*ut,*	*ré♭,*	*mi♭,*	*fa,*	*sol♭,*	*la♭,*	*si♭.*
de *fa* à *ut♭*	de *mi♭*	6	*mi♭,*	*fa,*	*sol♭,*	*la♭,*	*si♭,*	*ut♭,*	*ré♭,*	*mi♭.*
de *si♭* à *fa♭*	de *la♭*	7	*la♭,*	*si♭,*	*ut♭,*	*ré♭,*	*mi♭,*	*fa♭,*	*sol♭,*	*la♭.*

(Les 7 notes comprises / donnent le ton)

N. B. Nous répétons encore que, si on veut chanter ces gammes, il ne faut pas manquer de hausser la septième note d'un demi-ton : par un dièse lorsqu'elle est naturelle, par un double dièse quand elle est dièse, par un bécarre quand elle est bémol.

Remarque. Les dièses et les bémols du ton se marquent à la clef.

Ainsi dans le ton de *fa* mineur on écrit les quatre bémols *si—mi—
la—ré* à côté de la clef, et cela indique que ces quatre notes sont
bémols pendant tout le morceau. S'il survient d'autres altérations, on les marque à mesure qu'elles sont nécessaires à côté des notes (♮ 42).

EXEMPLE 50.

Tons enharmo-
niques.

§ 25. On voit par le tableau des tons majeurs (exemples 43 et 44),
et par celui des tons mineurs (exemples 48 et 49), qu'il y a en
tout trente tons, quinze majeurs et quinze mineurs. Cependant comme
il n'y a dans la musique que douze sons réellement différents (*voyez*
Ex. 25), il ne peut y avoir également que douze tons majeurs et douze
tons mineurs sans double emploi. C'est qu'en effet il y a des tons qui
diffèrent par la notation, mais qui sont identiques pour l'oreille.
Parmi les majeurs les tons identiques sont *fa♯* et *sol♭*, *ut♯* et *ré♭*,
ut♭ et *si*. Parmi les mineurs les tons identiques sont *ré♯* et *mi♭*,
la♯ et *si♭*, *la♭* et *sol♯*. En effet, si on exécute sur le clavier ces tons
deux à deux comme nous venons de les présenter, on verra qu'ils
sont rendus par les mêmes touches; de sorte que ces douze tons se
réduisent à six, et les trente tons à vingt-quatre, comme on le voit
par la double figure suivante :

EXEMPLE 51.

Tons mineurs par bémols.

0	1	2	3	4	5	6	7
la	ré	sol	ut	fa	si♭	mi♭	la♭

Tons mineurs par dièses.

7	6	5	4	3	2	1	0
sol♯	ré♯	la♯	fa♯	ut♯	si	mi	la

Tons majeurs par bémols.

0	1	2	3	4	5	6	7
ut	fa	si♭	mi♭	la♭	ré♭	sol♭	ut♭

Tons majeurs par dièses.

7	6	5	4	3	2	1	0
ut♯	fa♯	si	mi	la	ré	sol	ut

On voit par ces deux figures que les tons qui ont sept dièses sont identiques ou (pour nous servir du mot technique) *enharmoniques* avec ceux qui ont cinq bémols ; et que ceux qui ont sept bémols sont enharmoniques avec ceux qui ont cinq dièses. On peut donc supprimer ceux qui ont sept dièses ou sept bémols comme faisant double emploi et étant plus compliqués. Quant à ceux qui ont six dièses et six bémols, on s'en sert indifféremment. On voit que l'enharmonique ne diffère en rien de la seconde diminuée et que les deux notes qui forment cet intervalle ne représentent qu'un même son.

Si l'on voulait représenter tous les tons enharmoniques exécutables, il faudrait prolonger la figure, comme on le voit dans les tableaux ci-dessous.

EXEMPLE 52.

Tons majeurs enharmoniques.

Tons diésés.	0	1	2	3	4	5	6	7	8	9	10	11	12
	ut	sol	ré	la	mi	si	fa♯	ut♯	sol♯	ré♯	la♯	mi♯	si♯

Tons bémolisés.	ré♭♭	la♭♭	mi♭♭	si♭♭	fa♭	ut♭	sol♭	ré♭	la♭	mi♭	si♭	fa	ut
	12	11	10	9	8	7	6	5	4	3	2	1	0

Tons mineurs enharmoniques.

Tons diésés.	0	1	2	3	4	5	6	7	8	9	10	11	12
	la	mi	si	fa♯	ut♯	sol♯	ré♯	la♯	mi♯	si♯	fa𝄪	ut𝄪	sol𝄪

Tons bémolisés.	si♭♭	fa♭	ut♭	sol♭	ré♭	la♭	mi♭	si♭	fa	ut	sol	ré	la
	12	11	10	9	8	7	6	5	4	3	2	1	0

Propriétés des enharmoniques.

Ces tableaux mettent en évidence une propriété des enharmoniques, qu'il est bon de faire connaître. C'est que deux tons enharmoniques entre eux donnent la somme de douze altérations en signes contraires. Par exemple, le ton de *fa♭* majeur a huit bémols; son enharmonique *mi* a quatre dièses; ce qui fait à eux deux douze altérations. L'emploi des enharmoniques a ordinairement pour but de substituer à un ton compliqué un ton plus simple. Pour faire cette opération il faut retrancher de douze le nombre d'altérations du ton qui en a le plus; le reste sera le nombre des altérations de l'autre ton prises en signes contraires. Ainsi, par exemple, le ton de *mi♭♭* majeur ayant dix bémols, si de douze on ôte dix, il restera deux, ce qui indique que le ton enharmonique substitué a deux dièses : ce sera par conséquent *ré* majeur.

Introduct. des doubles dièses et des doubles bémols dans les tons.

Il résulte aussi du tableau des enharmoniques qu'il y a des tons qui ont plus de sept dièses ou plus de sept bémols. Pour former ces nouveaux tons il faut prolonger la succession des quintes dans les séries des doubles dièses et des doubles bémols, et continuer la mar-

che des séries partielles que nous avons suivies pour la formation
des tons (§ 22). On trouvera ainsi que la série

De *ut♯* à *fa♯* contient 6 dièses et 1 double dièse ou 8 dièses.
De *sol♯* à *ut♯*   5 dièses et 2 doubles dièses ou 9 dièses, etc.

Et que la série

De *mi♭* à *si♭♭* contient 6 bémols et 1 double bémol ou 8 bémols.
De *la♭* à *mi♭♭*   5 bémols et 2 doubles bémols ou 9 bémols, etc.

Ces tons dans la pratique ne s'emploient que par modulation
dans le courant d'un morceau, et ne s'indiquent jamais à la clef
(§ 12, 5°).

§ 26. La propriété que nous avons remarquée dans les quintes
majeures (§ 19) nous donne le moyen de savoir si un ton proposé
doit avoir des dièses ou des bémols. En effet, si nous nous rappelons
ce qui a été démontré dans ce paragraphe, savoir : que la succession
ascendante des quintes majeures produit tous les intervalles majeurs,
et que les tons diésés suivent précisément cet ordre, nous en conclurons naturellement que les toniques des tons diésés doivent former avec
celle du ton naturel du même mode des intervalles majeurs. Ainsi le ton
de *la* majeur doit avoir des dièses, puisque sa tonique *la* fait sixte majeure
avec la tonique *ut*. Par la même raison le ton de *si* mineur doit avoir des
dièses, puisqu'il fait seconde majeure avec la tonique *la*. Nous reconnaîtrons de même que les tons qui ont des bémols forment des intervalles
mineurs avec le ton naturel. Par exemple, le ton de *fa* majeur qui a un
bémol fait quarte mineure avec *ut,* et le ton de *fa* mineur qui a quatre
bémols fait sixte mineure avec *la*. Cela vient de ce que les toniques des
tons bémolisés suivent l'ordre des quintes descendantes, et par conséquent font avec la tonique du ton naturel des intervalles majeurs
comptés de haut en bas. Mais comme ici nous les comptons de bas en
haut nous les renversons, ce qui les rend mineurs. Ainsi, pour savoir
quelle sorte d'altérations contient un ton donné, il faut examiner
quelle espèce d'intervalle il fait avec le ton naturel du même mode.
Si cet intervalle est majeur, le ton cherché contient des dièses; s'il est
mineur, ce ton contient des bémols.

Moyen de savoir
si un ton ren-
ferme des diè-
ses ou des
bémols.

8

EXEMPLE 55.

Tons majeurs.

Tons diésés.	Intervalles.		Tons bémolisés.	Intervalles.
Ton naturel *ut—sol*	5 ᵉ majeure.		Ton naturel *ut—fa*	4ᵗᵉ mineure.
ut—ré	2ᵈᵉ majeure.		*ut—si♭*	7ᵉ mineure.
ut—la	6 ᵉ majeure.		*ut—mi♭*	3ᶜᵉ mineure.
ut—mi	3 ᵉ majeure.		*ut—la♭*	6ᵗᵉ mineure.
ut—si	7ᵉ majeure.		*ut—ré♭*	2ᵈᵉ mineure.
ut—fa♯	4 ᵉ majeure.		*ut—sol♭*	5ᵗᵉ mineure.

Tons mineurs.

Tons diésés.	Intervalles.		Tons bémolisés.	Intervalles.
Ton naturel *la—mi*	5ᵗᵉ majeure.		Ton naturel *la—ré*	4ᵗᵉ mineure.
la—si	2ᵈᵉ majeure.		*la—sol*	7ᵉ mineure.
la—fa♯	6ᵗᵉ majeure.		*la—ut*	3ᵉ mineure.
la—ut♯	3ᶜᵉ majeure.		*la—fa*	6ᵗᵉ mineure.
la—sol♯	7ᵉ majeure.		*la—si♭*	2ᵈᵉ mineure.
la—ré♯	4ᵗᵉ majeure.		*la—mi♭*	5ᵗᵉ mineure.

§ 27. L'inspection des tableaux 43, 44, 48, 49 donne un moyen facile de trouver le nombre des altérations d'un ton proposé. Car ces tableaux démontrent que le nombre de dièses que contient un ton est égal au nombre de quintes dont il est élevé au-dessus du ton naturel, et que le nombre de bémols est égal au nombre de quintes dont il est abaissé au-dessous. Ainsi, pour savoir combien il y a de dièses en *mi* majeur, il faut partir du ton naturel *ut* majeur et compter les quintes en montant jusqu'à *mi* ; on trouve *sol, ré, la, mi* ; il y a donc quatre dièses. Réciproquement, les altérations étant données, on trouve le ton qui les renferme en comptant autant de quintes en dessus ou en dessous du ton naturel qu'il y a de dièses ou de bémols proposés. Il faut partir d'*ut* si le ton est majeur, et de *la* s'il est mineur. Par exemple, on demande quel est le ton mineur qui a trois bémols ; on compte en partant de *la* les trois quintes descendantes, *ré, sol, ut* ; la réponse est *ut* mineur. On peut s'exercer sur le tableau suivant qui s'étend jusqu'à quatorze dièses et quatorze bémols.

(marginal note:) Moyen de trouver les altérations par le ton, et le ton par les altérations.

EXEMPLE 54.

Tons majeurs.

Nombre des bémols ou des 5ᵗᵉˢ descendantes.								Nombre des dièses ou des 5ᵗᵉˢ ascendantes.						
7	6	5	4	3	2	1	0	1	2	3	4	5	6	7
ut♭	sol♭	ré♭	la♭	mi♭	si♭	fa	ut	sol	ré	la	mi	si	fa♯	ut♯
14	13	2	11	10	9	8		8	9	10	11	12	13	14
ut♭♭	sol♭♭	ré♭♭	la♭♭	mi♭♭	si♭♭	fa♭		sol♯	ré♯	la♯	mi♯	si♯	fa♯	ut♯

Tons mineurs.

Nombre des bémols ou des 5ᵗᵉˢ descendantes.								Nombre des dièses ou des 5ᵗᵉˢ ascendantes.						
7	6	5	4	3	2	1	0	1	2	3	4	5	6	7
la♭	mi♭	si♭	fa	ut	sol	ré	la	mi	si	fa♯	ut♯	sol♯	ré♯	la♯
14	13	12	11	10	9	8		8	9	10	11	12	13	14
la♭♭	mi♭♭	si♭♭	fa♭	ut♭	sol♭	ré♭		mi♯	si♯	fa♯	ut♯	sol♯	ré♯	la♯

§ 28. Pour compléter ce que nous avons dit des deux modes, nous en donnons ici un parallèle.

Parallèle entre les deux modes.

Parallèle entre le mode majeur et le mode mineur.

Mode majeur.	Mode mineur.
A La gamme est formée de deux tétracordes semblables : ton ton d.-t. ton ton d.-t. ut ré mi fa sol la si ut	**A** La gamme est formée de deux tétracordes différents : ton d.-t. ton d.-t. ton ton la si ut ré mi fa sol la
B Il y a naturellement une sensible, puisque la septième note est un demi-ton au-dessous de la tonique : sensible tonique si demi-ton ut	**B** Il n'y a pas de sensible, puisque la septième note est un ton au-dessous de la tonique; mais on obtient la sensible artificiellement en haussant la septième note d'un demi-ton. sensible tonique sol♯ demi-ton la
C La tierce et la sixte sont majeures : c'est le caractère de ce mode : ut—mi, tierce maj. ut—la, sixte maj.	**C** La tierce et la sixte sont mineures : c'est le caractère de ce mode. la—ut, tierce min. la—fa, sixte min.
D La septième est majeure : ut—si.	**D** La septième est mineure : la—sol. Mais elle devient majeure lorsqu'on l'augmente d'un demi-ton pour former la sensible : la—sol♯.
E Les accords parfaits de tonique, de sous-dominante et de dominante sont majeurs: ut—mi—sol fa—la—ut sol—si—ré.	**E** Les accords parfaits de tonique, de sous-dominante et de dominante sont mineurs, la—ut—mi ré—fa—la mi—sol—si mais ce dernier devient majeur parce que la septième note est haussée d'un demi-ton : mi—sol♯—si.
F La première note de la gamme majeure est la troisième de la gamme relative mineure; ce qui fait que le ton majeur est une tierce mineure au-dessus de son relatif mineur.	**F** La première note de la gamme mineure est la sixième de la gamme relative majeure; ce qui fait que le ton mineur est une tierce mineure au-dessous de son relatif majeur.

Voici le tableau des tons des deux modes :

EXEMPLE 55.

Tons naturels relatifs.

Ut majeur.

La mineur.

Tons diésés relatifs.   Tons bémolisés relatifs.

	Majeurs.		Mineurs.				Majeurs.		Mineurs.
Nombre des dièses.	1 *sol*	Nombre des dièses.	1 *mi*		Nombre des bémols.	1 *fa*	Nombre des bémols.	1 *ré*
	2 *ré*		2 *si*			2 *si♭*		2 *sol*
	3 *la*		3 *fa♯*			3 *mi♭*		3 *ut*
	4 *mi*		4 *ut♯*			4 *la♭*		4 *fa*
	5 *si*		5 *sol♯*			5 *ré♭*		5 *si♭*
	6 *fa♯*		6 *ré♯*			6 *sol♭*		6 *mi♭*

Enharmoniques.   Enharmoniques.

Les tons dits relatifs étant formés des mêmes notes, il faut faire connaître maintenant par quels moyens on peut savoir dans lequel des deux relatifs est un morceau de musique.

Moyens différents pour reconnaître le ton entre les deux relatifs.

§ 29. On sait que deux tons qui sont relatifs ont les mêmes altérations ; il s'ensuit qu'il ne suffit pas de consulter les signes d'altération posés à la clef pour savoir dans lequel des deux tons on est. Il faut donc avoir recours à d'autres moyens. Nous allons en indiquer quatre.

1er moyen. Un morceau de musique finit par la note principale du ton. On trouvera donc la note du ton à la fin du morceau ; et si le morceau se termine par un accord, c'est la plus basse note de cet accord qui est la tonique. Ce moyen n'est jamais employé par les bons musiciens, parce qu'il serait ridicule de feuilleter vingt ou trente pages de musique pour aller regarder à la fin quel est le ton du morceau.

2e moyen. Les premières notes d'un morceau de musique, soit successives, soit simultanées, forment ordinairement l'accord parfait du ton. Si cet accord est celui du ton majeur, on est dans le ton majeur ; si c'est celui du ton mineur, on est dans le ton mineur.

5e moyen. Lorsqu'on ne trouve au commencement que les deux notes, communes aux accords parfaits des deux modes, il faut chercher un peu plus loin la cinquième note du ton majeur. Si cette note est sans altération accidentelle, elle complète l'accord parfait majeur, et prouve qu'on est dans le ton majeur ; si elle est haussée d'un demi-ton, elle devient sensible du relatif mineur et prouve qu'on est dans le ton mineur.

4° moyen. Enfin, si cette cinquième note n'est pas exprimée dans les premières mesures, il faut consulter le sens musical, c'est-à-dire chanter en soi-même les premières notes et s'arrêter au premier repos. Si ce repos se fait sur l'accord parfait de la tonique ou de la dominante du ton majeur, on est dans le ton majeur ; s'il se fait sur l'accord parfait de la tonique ou de la dominante du mode mineur, on est dans le ton mineur. Ce moyen est le plus difficile, mais il est le plus sûr et le seul dont se servent les musiciens exercés.

CHAPITRE V.

Des Genres.

§ 50. On distingue trois modes de succession dans les sons : 1° par tons et demi-tons diatoniques ; 2° par demi-tons chromatiques ; 3° par secondes diminuées ou intervalles enharmoniques. Ces trois modes de succession se nomment genres. Les trois genres sont : le genre diatonique, le genre chromatique et le genre enharmonique. Genres.

Le genre diatonique procède par tons et demi-tons diatoniques ; et comme le demi-ton chromatique en est exclu, aucune modulation, c'est-à-dire aucun changement de ton, n'y est possible ; car on ne peut changer de ton qu'en altérant une ou plusieurs notes de la gamme, ce qui produit nécessairement des demi-tons chromatiques apparents ou cachés. En effet, si d'*ut* on veut passer en *fa,* il faudra baisser le *si* d'un demi-ton, puisque le *si* est naturel en *ut* et bémol en *fa ;* si ces deux *si* sont de suite, il y aura un demi-ton chromatique apparent. S'ils sont séparés par d'autres notes, le demi-ton sera caché. D'après cela, toutes les gammes des deux modes sont du genre diatonique, ainsi que les intervalles majeurs et mineurs, lorsque les notes qui les composent sont considérées comme appartenant à un même ton. Genre diatonique.

§ 51. Le genre chromatique procède par demi-tons chromatiques seulement. Les deux notes d'un demi-ton chromatique ne pou- Genre chromatique.

vant se trouver dans un même ton, ce genre est essentiellement mo-
dulant; aussi il ne peut servir que de passage d'un ton à un autre.
Les intervalles augmentés et diminués ayant la propriété d'être formés
de notes de différents tons (§ 19 à la fin) sont du genre chromatique.
Il faut en excepter la seconde diminuée, qui est du genre enharmonique. Les intervalles majeurs et mineurs, lorsque les notes qui
les composent sont considérées comme appartenant à des tons différents, font aussi partie de ce genre.

Une succession de demi-tons chromatiques étant impossible pour
former seuls la gamme chromatique, on y entremêle des demi-tons
diatoniques ; mais il faut remarquer que cette gamme étant composée
des douze sons de la musique n'a aucun caractère tonal, et qu'elle perd
ainsi la propriété modulante qui distingue ce genre. On l'écrit ordinairement comme dans cet exemple :

EXEMPLE 56.

Gamme chromatique en montant et en descendant.

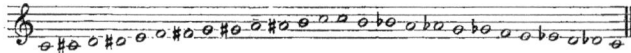

**Genre enharmo-
nique.**

§ 52. Le genre enharmonique sert aussi à passer d'un ton à un
autre, mais ce changement de ton diffère beaucoup des modulations
ordinaires. On fait un enharmonique lorsque d'une note on passe à
une autre note qui fait avec la première une seconde diminuée. C'est
une substitution de notes dans le même son qui amène une modulation particulière qu'on appelle transition enharmonique. Le genre
enharmonique réduit à douze sons les trente-cinq notes du tableau
des dièses et des bémols.

EXEMPLE 57.

Tableau des enharmoniques.

NOTA. Les enharmoniques sont disposés en colonnes.

	1	2	3	4	5	6	7	8	9	10	11	12
Enharmoniques.	*fa*♭♭	*ut*♭♭	*sol*♭♭	*ré*♭♭	*la*♭♭	*mi*♭♭	*si*♭♭	*fa*♭	*ut*♭	*sol*♭	*ré*♭	*la*♭
	mi♭	*si*♭	*fa*♮	*ut*♮	*sol*♮	*ré*♮	*la*♮	*mi*♮	*si*♮	*fa*♯	*ut*♯	*sol*♯
	ré♯	*la*♯	*mi*♯	*si*♯	*fa*♯	*ut*♯	*sol*♯	*ré*♯	*la*♯	*mi*♯	*si*♯	

Ce qui donne vingt-trois secondes diminuées ou intervalles enharmoniques.

Si on lit ce tableau par lignes, on verra qu'il résulte d'une disposition particulière du tableau des dièses et des bémols.

Pour établir entre les trois genres une distinction bien tranchée, on peut leur assigner les caractères suivants :

1° Le genre diatonique procède par tons et demi-tons diatoniques et par intervalles majeurs et mineurs pris dans une même gamme. Nulle modulation n'est possible avec ce genre.

2° Le genre chromatique procède par demi-tons chromatiques, et par tous les intervalles qui font partie à la fois de deux gammes différentes : la seconde diminuée exceptée. Nulle modulation n'est possible sans ce genre.

5° Le genre enharmonique procède par secondes diminuées. Il sert à opérer une sorte de modulation qu'on appelle transition enharmonique et réduit l'échelle musicale à douze sons réellement différents.

CHAPITRE VI.

De la Transposition.

§ 55. Transposer, c'est hausser ou baisser d'un intervalle donné toutes les notes d'un morceau de musique. *Transposition à écrire.*

On peut se proposer deux buts en transposant : transposer en écrivant, transposer à vue.

La première transposition présente beaucoup moins de difficultés que la seconde ; cependant nous allons nous y arrêter un peu, parce qu'elle servira d'introduction naturelle à l'autre.

Supposons qu'on ait à écrire un ton en dessous ce passage sans changer les clefs.

EXEMPLE 58.

Changement de
ton.

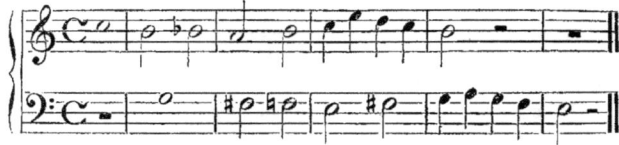

Ce passage qui est en *ut* majeur se trouvera en *si♭* majeur. Chaque
note sera descendue d'une seconde majeure.

EXEMPLE 59.

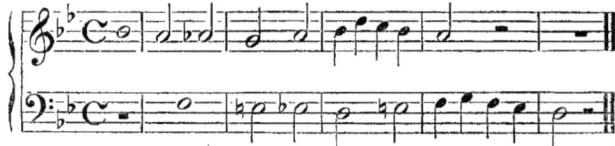

Dans cette transposition quelques altérations se trouvent changées :
le *fa♯* de la basse devient un *mi♮*, le *fa♮* devient un *mi♭*; mais ces
changements n'offriront aucune difficulté, parce qu'on a le temps de
les calculer en écrivant. Si on transposait ce même passage d'une
tierce mineure en dessous, il se trouverait en *la* majeur, et il y
aurait d'autres changements dans les signes accidentels que l'on cal-
culerait avec la même facilité.

EXEMPLE 60.

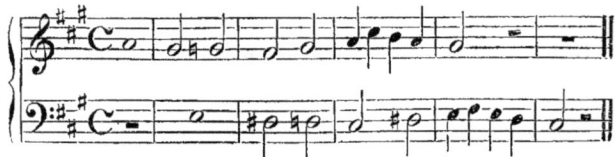

Ici le *si♭* du passage donné étant descendu d'une tierce mineure devient un *sol♮*.

On pourrait aussi se proposer de changer une clef ; par exemple, d'écrire en clef d'*ut* première ligne la première partie sans changer le ton.

Changement de clef.

EXEMPLE 61.

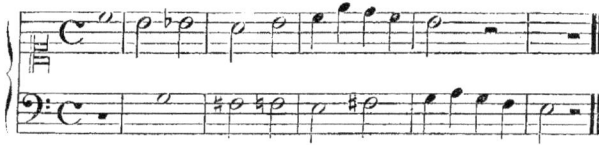

On pourrait aussi changer le ton et les clefs tout à la fois.

§ 34. Tout cela est très simple, comme on le voit, et ne demande qu'un peu d'attention. Mais la difficulté devient beaucoup plus grande s'il s'agit de transposer à vue. Par exemple, ayant sous les yeux le premier passage en *ut* (exemple 58), si on veut le transposer en *si♭*, il faudra supposer deux bémols à la clef ; lire dans la première partie un *si* où il y a un *ut*, un *la* où il y a un *si*, etc. Dans la basse, il faudra lire un *fa* où il y a un *sol*, un *mi* où il y a un *fa*, etc. En outre, il faudra faire par la pensée les changements d'altération assez couramment pour que la mesure et le mouvement ne soient pas interrompus. De sorte qu'il faudra lire ce passage comme s'il était écrit de cette manière :

Transposition à vue.

EXEMPLE 62.

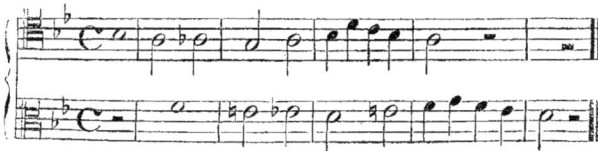

66

Changement du
diapason des
clefs.

Avec cette différence encore qu'ici les clefs ne conservent pas leur diapason. La clef d'*ut* quatrième ligne s'exécutera une octave au-dessus de son diapason pour se trouver une seconde majeure au-dessous de la clef de *sol*, et la clef d'*ut* troisième ligne s'exécutera une octave au-dessous du sien pour se trouver une seconde majeure au-dessous de la clef de *fa*.

Calcul des chan-
gements de
clefs.

Cet exemple prouve que la clef d'*ut* quatrième ligne baisse les notes de la clef de *sol* d'un degré, et que la clef d'*ut* troisième ligne baisse de la même quantité les notes de la clef de *fa*. C'est ce que nous avons déjà vu § 7, exemple 14. En appliquant cet exemple à tous les intervalles, on formera la table suivante :

EXEMPLE 65.

Ordre selon lequel les clefs déplacent les notes,

d'une seconde en dessus ou d'une septième en dessous,

| ut | ré | mi | fa | sol | la | si | ut |

d'une tierce en dessus ou d'une sixte en dessous,

| ut | mi | sol | si | ré | fa | la | ut |

d'une quarte en dessus ou d'une quinte en dessous,

| ut | fa | si | mi | la | ré | sol | ut |

Ordre selon lequel les clefs déplacent les notes,

d'une seconde en dessous ou d'une septième en dessus,

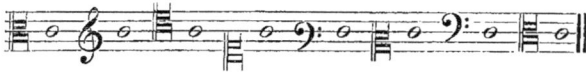

d'une tierce en dessous ou d'une sixte en dessus,

d'une quarte en dessous ou d'une quinte en dessus,

Voici l'utilité de cette table : s'il se présentait un changement de clef dans une partie transposée, comme dans cet exemple que nous supposons transposé en *ré*, c'est-à-dire une tierce majeure au-dessus,

EXEMPLE 64.

Ton de *si♭* maj.

la table ferait voir tout de suite que la clef *sol* devient une clef de *fa* quatrième ligne, et la clef de *fa* quatrième une clef de *fa* troisième. Et si on savait cette table par cœur, on trouverait sans hésiter, et malgré la rapidité de l'exécution, que la clef d'*ut* quatrième ligne, qui se présente à la basse dans le courant du passage, devient, quand on transpose d'une tierce en dessus, une clef d'*ut* troisième ligne.

On entrevoit déjà que transposer à vue est une chose très difficile : car il ne suffit pas de connaître très bien ses clefs, il faut, pour ainsi dire, savoir plus que ses clefs pour en lire plusieurs à la fois, assemblées d'une manière inusitée, à des diapasons différents des leurs et à des parties où elles n'ont pas coutume d'être. Cette dernière difficulté est plus grande qu'on ne pense : il y a des liaisons d'habitude dont le meilleur lecteur ne s'affranchit pas aisément. Assurément un pianiste connaît parfaitement sa clef de *fa* et sa clef de *sol,* cependant il serait très embarrassé s'il avait à lire une première partie écrite sur la clef de *fa* avec une basse sur la clef de *sol*. Si on ajoute à tous ces embarras celui de changer quelques-uns des signes accidentels qu'on rencontre, et de laisser les autres comme ils sont, on sera convaincu que la transposition à vue est l'opération la plus difficile de la pratique musicale, et qu'il ne faut pas toujours ajouter foi à ceux qui prétendent transposer tout à livre ouvert. Pour arriver à un pareil résultat, il faut être très bon musicien, doué de dispositions spéciales, et avoir fait un long exercice sur ce sujet.

§ 53. Après avoir étudié les changements qui surviennent dans les clefs, nous allons nous occuper de ceux qui surviennent dans les signes accidentels.

Si, comme dans la transposition à écrire, il fallait en lisant calculer les changements à faire dans les signes accidentels, la transposition à vue deviendrait impossible ; car le lecteur n'a pas comme le copiste le temps de réfléchir. On conçoit l'importance d'une règle qui ferait connaître *à priori,* pour chaque note et pendant toute la durée d'un morceau, les changements qu'il faudrait faire subir aux signes accidentels, selon l'intervalle dont on transpose. C'est cette règle que nous allons faire connaître ; elle est le corollaire de notre théorie des intervalles.

Nous avons vu (§ 49) qu'un intervalle majeur ou augmenté peut être considéré comme engendré par une succession de quintes majeures, et que (§ 20, 5°) lorsque la quinte *si—fa* fait partie de cette succession, l'intervalle qui en résulte est formé de deux notes d'altérations différentes, tandis qu'elles ont la même altération lorsque la quinte *si—fa* ne s'y trouve pas. Or, puisque transposer c'est changer de ton, c'est-à-dire hausser ou baisser les notes d'un certain nombre de quintes, il sera facile de savoir d'avance quelles seront les notes de ce ton qui changeront d'altérations dans la transposition. Par exemple : si on transpose la gamme d'*ut* mineur en *mi* mineur, c'est-à-dire d'une tierce majeure en dessus ou quatre quintes, on trouvera que le *fa,* l'*ut,* le *sol* et le *ré* de la gamme de *mi* mineur devront être affectés de signes d'altération plus hauts d'un demi-ton que ceux qu'on lit sur la musique, tandis que le *la,* le *mi* et le *si* du ton transposé conserveront les altérations des notes *fa, ut, sol* du ton écrit.

EXEMPLE 65.

Clef de *fa* quatrième. *Ut* mineur transposé en *mi* mineur.

Ton écrit :

Noms des notes du ton transposé : miǂ FAǂ SOL laǂ siǂ UTǂ REǂ miǂ

Car les tierces { REǂ laǂ miǂ siǂ FAǂ / LAb mib sib faǂ UTǂ / MIb sib faǂ utǂ SOLǂ / SIǂ faǂ utǂ solǂ REǂ } contenant la quinte *si—fa,*

les quatre notes *fa, ut, sol, ré,* que la transposition a substituées aux quatre notes *ré, la, mi, si,* doivent être affectées de signes d'altération d'un demi-ton plus haut que la notation ne l'indique , c'est-à-dire que les bémols seront considérés comme des bécarres et les bécarres comme des dièses;

tandis que les tierces
$\begin{cases} FA\natural\ \overline{ut\natural}\ \ sol\natural\ \ r\acute{e}\natural\ \ \overline{}LA\natural \\ UT\natural\ \overline{sol\natural}\ \ r\acute{e}\natural\ \ la\natural\ \ \overline{}MI\natural \\ SOL\natural \overline{r\acute{e}\natural}\ \ la\natural\ \ mi\natural\ \ \overline{}SI\natural \end{cases}$
ne contenant pas la quinte *si—fa,*

les trois notes *la , mi, si* du ton transposé conservent les signes qu'elles ont dans le ton noté, quoique les noms aient changé.

On doit comprendre que toutes les fois qu'on transpose un morceau une tierce majeure en dessus, les notes *la, mi, si,* que la transposition substitue aux notes *fa, ut, sol,* conservent les mêmes altérations, tandis que les notes *fa, ut, sol, ré* se lisent un demi-ton plus haut que la notation écrite; car nous avons vu (exemple 28, et § 20, 4°) qu'il n'y a que les trois tierces majeures *ut—mi, fa—la, sol—si* qui puissent s'exmer en notes naturelles ou altérées par les mêmes signes, et que pour rendre majeures les quatre tierces mineures *ré—fa, mi—sol, la—ut, si—ré,* il faut hausser la note aiguë d'un demi-ton; ce qui donne à cette note un signe d'altération d'un degré au-dessus de celui de la note écrite.

En examinant le tableau exemple 28 et en étudiant l'explication qui en est donnée § 20, 4°, on verra :

Qu'en transposant d'une quinte majeure en dessus,		Et qu'en transposant d'une quinte majeure en dessous,	
le *fa*	devient *ut*	le *si*	devient *mi*
l' *ut*	*sol*	le *mi*	*la*
le *sol*	*ré*	le *la*	*ré*
le *ré*	*la*	le *ré*	*sol*
le *la*	*mi*	le *sol*	*ut*
le *mi*	*si*	l' *ut*	*fa*
le *si*	*fa♯*	le *fa*	*si♭*

C'est-à-dire que les notes *ut, sol, ré, la, mi, si* de la transposition conservent les altérations du ton écrit, et que le *fa* seulement s'exécute un demi-ton plus haut.

C'est-à-dire que les notes *mi, la, ré, sol, ut, fa* de la transposition conservent les altérations du ton écrit, et que le *si* seulement s'exécute un demi-ton plus bas.

Si on transposait d'une seconde majeure, c'est-à-dire de deux quintes majeures en dessus ou en dessous, on aurait les résultats suivants :

Transposition d'une seconde majeure en dessus		Transposition d'une seconde majeure en dessous.	
le fa	devient sol	le si	devient la
l' ut	ré	le mi	ré
le sol	la	le la	sol
le ré	mi	le ré	ut
le la	si	le sol	fa
le mi	fa♯	l' ut	si♭
le si	ut♯	le fa	mi♭

Donnons encore un exemple, et transposons d'une sixte majeure, c'est-à-dire de trois quintes majeures en dessus et en dessous. Nous trouverons que :

Par la transposition d'une sixte majeure en dessus		Et que par la transposition d'une sixte majeure en dessous	
le fa	devient ré	le si	devient ré
l' ut	la	le mi	sol
le sol	mi	le la	ut
le ré	si	le ré	fa
le la	fa♯	le sol	si♭
le mi	ut♯	l' ut	mi♭
le si	sol♯	le fa	la♭

Ces tableaux prouvent qu'en transposant d'une, de deux ou de trois quintes majeures en dessus, une, deux ou trois notes de la transposition prises dans l'ordre des dièses sont affectées d'une altération, supérieure d'un demi-ton au signe écrit ; et qu'en transposant d'une, de deux ou de trois quintes majeures en dessous, une, deux ou trois notes de la transposition, prises dans l'ordre des bémols, sont affectées d'une altération, inférieure d'un demi-ton au signe écrit. Si on voulait continuer cette recherche sur les autres intervalles majeurs, on verrait qu'autant la transposition compte de quintes au-dessus du ton écrit, autant il y a de notes, prises dans l'ordre des dièses, altérées par l'élévation d'un demi-ton ; et qu'autant la transposition compte de quintes au-dessous du ton écrit, autant il y a de notes prises dans l'ordre des bémols, altérées par l'abaissement d'un demi-ton.

Terminons par quelques exemples, et remarquons d'abord qu'il est toujours facile de connaître le nombre de quintes dont on *monte* en transposant, puisqu'on sait (§ 27, ex. 54) que ce nombre est égal à celui des dièses ajoutés ou des bémols retranchés, et qu'au contraire le nombre des quintes dont on *descend* en transposant est égal à celui des bémols ajoutés ou des dièses retranchés.

1ᵉʳ *exemple*. Un morceau est en *fa* mineur ; on veut le transposer en *mi♭* mineur. Comme en *fa* mineur il y a quatre bémols et qu'en *mi♭* il y en a six, on descend de deux quintes. Il y aura donc deux notes prises dans l'ordre des bémols *si*, *mi*, qui s'exécuteront toujours un demi-ton plus bas qu'elles ne sont marquées. Les autres notes se feront comme elles sont écrites.

2ᵉ *exemple*. On demande de transposer d'une seconde mineure en dessous un morceau qui est écrit en *fa* majeur : le morceau sera transposé en *mi*. En *fa* il y a un bémol et en *mi* il y a quatre dièses : ôter un bémol c'est monter d'une quinte, ajouter quatre dièses c'est encore monter de quatre quintes ; en tout cinq quintes : par conséquent les cinq notes *fa, ut, sol, ré, la* s'exécuteront pendant toute la durée du morceau un demi-ton plus haut que ne l'indiquent leurs altérations écrites, les autres notes ne changeront pas.

Cette règle, si simple dans son application, peut servir dans tous les cas, quelles que soient les modulations d'un morceau, même quand les signes de la clef changeraient plusieurs fois. Il est inutile d'ajouter que, tant qu'on ne rencontre pas d'altérations dans le courant du morceau, il faut exécuter avec les dièses ou les bémols que l'on suppose à la clef d'après le ton dans lequel on transpose, et qu'il n'est nécessaire d'appliquer la règle que nous venons de donner qu'aux seuls signes *accidentels*.

Figure mobile.

Partie fixe.	Partie mobile.
35 si ♯	si ♯ 35
34 mi ♯	mi ♯ 34
33 la ♯	la ♯ 33
32 ré	ré ♯ 32
31 sol ♯	sol ♯ 31
30 fa ♯	ut ♯ 30
29 ut ♯	fa ♯ 29
28 si ♯	si ♯ 28
27 mi♯	mi♯ 27
26 la ♯	la ♯ 26
25 ré ♯	ré ♯ 25
24 sol♯	sol♯ 24
23 ut ♯	ut ♯ 23
22 fa ♯	fa ♯ 22
21 si ♮	si ♮ 21
20 mi♮	mi♮ 20
19 la ♮	la ♮ 19
18 ré ♮	ré ♮ 18
17 sol♮	sol♮ 17
16 ut ♮	ut ♮ 16
15 fa ♮	fa ♮ 15
14 si ♭	si ♭ 14
13 mi♭	mi♭ 13
12 la ♭	la ♭ 12
11 ré ♭	ré ♭ 11
10 sol♭	sol♭ 10
9 ut ♭	ut ♭ 9
8 fa ♭	fa ♭ 8
7 si ♭♭	si ♭♭ 7
6 mi♭♭	mi♭♭ 6
5 la ♭♭	la ♭♭ 5
4 ré ♭♭	ré ♭♭ 4
3 sol♭♭	sol♭♭ 3
2 ut ♭♭	ut ♭♭ 2
1 fa ♭♭	fa ♭♭ 1

10

CHAPITRE VII.

Explication et emploi de la figure mobile.

§ 56. Cette figure, entièrement nouvelle, est destinée à résoudre toutes les questions qui peuvent se présenter sur les intervalles. Elle servira de complément à notre théorie et prouvera la vérité de notre système.

Nous avons donné deux exemplaires de cette figure. Celui qui est imprimé sur carton doit servir à faire les opérations : il faut séparer avec des ciseaux la partie mobile de la partie fixe. L'autre, imprimé sur papier, sera conservé comme modèle pour la construction d'une figure semblable si l'exemplaire en carton venait à se perdre.

Cette figure se compose de deux colonnes contenant chacune trente-cinq notes disposées en ordre de quintes majeures depuis la plus basse marquée d'un 1 jusqu'à la plus haute marquée du chiffre 35. La colonne de gauche est supposée fixe, et la colonne de droite est mobile et glisse le long de la colonne fixe en montant ou en descendant. Nous allons donner quelques exemples pour faire comprendre l'usage de cette figure.

1° Si l'on fait coïncider la colonne mobile avec la colonne fixe dans toute sa longueur, on aura les trente-cinq unissons inaltérés.

2° En descendant la colonne mobile d'une case, c'est-à-dire en plaçant le n° 2 de la colonne mobile vis-à-vis du n° 1 de la colonne fixe, on aura toutes les quintes majeures.

Il y en a trente-quatre. La première est *fabb—utbb*; la trente-quatrième est *mi—si*.

3° En descendant de deux cases la colonne mobile, on aura toutes les secondes majeures. Le n° 35 de la colonne fixe prouve qu'il y en a trente-trois ; le chiffre 2 de la colonne mobile, le plus fort de ceux qui n'ont pas de correspondant dans la colonne fixe, indique qu'il faut deux quintes pour former une seconde majeure (§ 19).

4° En plaçant le n° 4 de la colonne mobile en face du n° 1 de la colonne fixe, on aura toutes les sixtes majeures. La dernière portant le n° 32 dans la colonne fixe prouve qu'il y en a trente-deux, et le chiffre 3 de la colonne mobile qui n'a pas de correspondant fait voir qu'il y a trois quintes dans une sixte majeure (§ 19).

5° En continuant à descendre ainsi la colonne mobile on trouvera trente-une tierces, trente septièmes, et vingt-neuf quartes, tous intervalles majeurs. Le chiffre de la colonne mobile qui n'a pas de correspondant étant 4 pour les tierces, 5 pour les septièmes et 6 pour les quartes, indique le nombre de quintes qui entrent dans chacun de ces intervalles (§ 19).

6° En descendant de nouveau la colonne mobile d'une case, c'est-à-dire en plaçant le n° 8 vis-à-vis du n° 1, on entrera dans la série des intervalles augmentés. Cette position donnera tous les unissons augmentés ou demi-tons chromatiques. On voit qu'il y en a vingt-huit et que, pour former cet intervalle, il faut sept quintes majeures (§ 19).

7° En continuant à descendre la colonne mobile on trouvera successivement tous les intervalles augmentés, savoir : vingt-sept quintes, vingt-six secondes, vingt-cinq sixtes, vingt-quatre tierces, vingt-trois septièmes et vingt-deux quartes, après lesquelles on entrera dans la série des intervalles maximes. On trouvera d'abord vingt-un unissons et enfin quinze quartes. Dans ce dernier exemple, le chiffre 20 qui n'a pas de correspondant indique qu'il faut vingt quintes pour former une quarte maxime. Parmi ces quinze quartes maximes on n'en trouve qu'une qui soit exprimée avec le simple dièse et le simple bémol, c'est la quarte $fa\flat$—$si\sharp$. Cette dernière position est celle à laquelle il faut s'arrêter, puisque, en descendant encore la colonne mobile, on ne trouverait plus que les intervalles qui ne peuvent se former qu'avec des doubles dièses et des doubles bémols et qui sont plus grands que les intervalles maximes.

8° En plaçant successivement vis-à-vis du *fa* toutes les notes naturelles, dièses et doubles dièses, on obtient des intervalles majeurs, augmentés, et maximes, ce qui vérifie cette proposition : qu'en montant de *fa* à une note naturelle il y a un intervalle majeur; de *fa* à une note dièse un intervalle augmenté, de *fa* à une note double dièse un intervalle maxime (§ 19).

9° Dans les exemples précédents on a fait descendre la colonne mobile ; au contraire, pour trouver les intervalles mineurs diminués, et minimes, il faut la faire monter. En l'élevant successivement de une, de deux, de trois cases, etc., on aura toutes les quartes, toutes les septièmes, toutes les tierces mineures, etc. Le chiffre de la colonne mobile correspondant au dernier intervalle indique combien il y en a, et le chiffre de la colonne fixe le plus fort de ceux qui n'ont pas de correspondant indique combien il faut de quartes mineures pour former l'intervalle proposé. Le moyen le plus simple pour trouver tout d'un coup les intervalles mineurs, diminués et minimes, est de placer vis-à-vis du *si* de la colonne fixe la note qui fait avec ce *si* l'intervalle de l'espèce proposée. Par exemple, pour trouver toutes les secondes mineures, on placera vis-à-vis du *si* l'*ut* qui fait seconde mineure avec ce *si;* on aura d'un coup d'œil toutes les secondes mineures. Le chiffre 30 de la colonne mobile indiquera qu'il y en a trente, et le chiffre 5 de la colonne fixe indiquera qu'il faut cinq quartes mineures pour former une seconde mineure.

10° On obtiendra aussi le renversement d'un intervalle désigné en faisant descendre ou monter la colonne mobile jusqu'à ce qu'on ait fait permuter les numéros qui sont sur la ligne de cet intervalle. Par exemple, pour avoir le renversement de la sixte augmentée *ut—la♯*, il n'y aura qu'à faire monter la colonne mobile jusqu'à ce qu'on ait changé les numéros 16—26 placés sur la même ligne en 26—16; on aura le renversement *la♯—ut*. Si on voulait renverser la septième diminuée 24*si—la♭*12, on ferait descendre la colonne jusqu'à ce qu'on ait 12*la♭ — si*24, renversement de *si—la♭* (§ 18).

11° Cette figure fait connaître aussi combien d'intervalles majeurs ou mineurs peuvent se faire en notes semblablement ou différemment altérées (§ 14, ex. 28). Par exemple : on demande combien il y a de secondes majeures en notes naturelles; on en trouve cinq qui sont *fa—sol, ut—ré, sol—la, ré—mi, la—si ;* les deux autres ne peuvent se former qu'avec le secours des dièses ou des bémols, et sont indiquées par le chiffre 2 de la colonne mobile qui n'a pas de correspondant. De même on saura tout de suite qu'il y a quatre tierces majeures dont les notes sont différemment altérées par le chiffre 4 de la colonne mobile qui n'a pas de correspondant, et par conséquent qu'il y en a trois dont les notes sont semblablement altérées. Enfin par les mêmes moyens on mettra en évidence cette propriété de la quinte *si—fa* (§ 20, 5°) qui, rendue majeure, est toujours formée de notes affectées de signes d'altération différents. Pour les intervalles mineurs il faudrait monter la colonne mobile. Le chiffre qui indique le nombre de ceux qui ont des altérations différentes se trouverait dans la colonne fixe.

12° On peut savoir aussi à laquelle des six séries, majeures, augmentées, maximes, mineures, diminuées, minimes, appartient un intervalle donné. Les sept premiers chiffres de la colonne mobile placés successivement devant le n° 1 de la colonne fixe donnent la série des intervalles majeurs. Les chiffres suivants jusqu'à 14 donnent la série des intervalles augmentés ; enfin les sept derniers, de 15 à 21, donnent la série des maximes. On formera les séries mineures, diminuées et minimes en faisant monter la colonne mobile, c'est-à-dire en plaçant successivement le n° 1 devant les sept premiers nombres de la colonne fixe, ensuite vis-à-vis des sept suivants s'arrêtant au n° 14, et enfin vis-à-vis des sept derniers finissant au n° 21. De sorte que si, par exemple, on voit un 1 et un 6 sur la même ligne, on saura que la figure représente un intervalle de la série des majeurs ou de la série des mineurs, selon que la colonne mobile sera descendue ou montée ; un alignement comme celui des chiffres 1—9 suffirait pour indiquer qu'on est dans la série des intervalles augmentés, celui des chiffres 18—1 indiquerait qu'on est dans la série des minimes.

13° Pour savoir si un ton contient des dièses ou des bémols, il faut placer la tonique proposée sur l'alignement de l'*ut* si on cherche un ton majeur, et sur celui du *la* si le ton cherché est mineur. Il suffit alors de remarquer si la colonne mobile a été descendue ou montée : dans le premier cas, le ton proposé contient des dièses ; dans le second, il contient des bémols (§ 26 et exemple 55).

14° Cette figure fait connaître aussi les dièses ou les bémols qui entrent dans un ton. Pour résoudre cette question il n'y a qu'à chercher dans la colonne mobile la tonique du ton proposé et la placer vis-à-vis de l'*ut* de la colonne fixe si c'est un ton majeur, et du *la* si c'est un ton mineur. Par exemple, on veut savoir combien il y a de dièses en *ré* majeur : on place le *ré* en face de l'*ut* ; les notes de la colonne mobile qui correspondent aux sept notes *fa, ut, sol, ré, la, mi, si* du ton d'*ut* sont celles du ton de *ré* ; en effet, on trouve *sol, ré, la, mi, si, fa♯, ut♯*. Il y a donc deux dièses, nombre indiqué par le chiffre 2 de la colonne mobile qui n'a pas de correspondant. Si on veut savoir combien il y a de bémols en *la♭♭* mineur, il faut élever la colonne mobile jusqu'à ce qu'on ait amené le *la♭♭* devant le *la* naturel. Le chiffre d'en bas qui n'a pas de correspondant étant 14, annonce qu'il y a quatorze bémols ; les notes qui correspondent à celles de *la* mineur sont *si*♭♭, *mi*♭♭, *la*♭♭, *ré*♭♭, *sol*♭♭, *ut*♭♭, *fa*♭♭, ce qui donne en effet quatorze bémols ou sept doubles bémols (§ 25, à la fin).

15° Pour avoir tous les tons relatifs, on placera le *la* vis-à-vis de l'*ut* : la colonne fixe représente les tons majeurs, la colonne mobile les tons mineurs. Les tons placés sur la même ligne sont relatifs l'un de l'autre (§ 24).

16° On pourra aussi trouver par cette figure tous les tons enharmoniques. Il faudra pour cela disposer la figure de manière à faire correspondre le n° 1 avec le n° 15. Les deux enharmoniques se trouveront sur la même ligne, et les sept notes de ces deux tons étant également accouplées, on verra de suite que la somme de leurs altérations est douze (§ 25). Supposons qu'on veuille trouver l'enharmonique de *mi*♭♭ majeur. On aligne le n° 1 sur le n° 15, et on voit que la note qui correspond à *mi*♭♭ est *ré* ; c'est l'enharmonique cherché ; en même temps on voit que *mi*♭♭ a dix bémols et *ré* deux dièses, total douze. Ce total est indiqué par le chiffre 12 de la colonne fixe qui dépasse d'une case la colonne mobile ; et le chiffre 15, le premier de ceux qui sont alignés, exprime le nombre des tons enharmoniques dans chaque mode (ex. 52). Cette proposition n'est qu'un cas particulier d'une règle plus générale ; car tout chiffre aligné sur le n° 1 indique le nombre des tons accouplés, et celui qui vient immédiatement au-dessous indique la somme des altérations. Par exemple, les chiffres 5 et 4 étant sur la même ligne, on sait par le 5 qu'il y a cinq tons accouplés, et par le 4 placé au-dessous que la somme des altérations de ces deux tons est quatre. Ces cinq couples sont :

ut —0	*sol* —1	*ré* —2	*la*—3	*mi*—4
la♭—4	*mi*♭—3	*si*♭—2	*fa*—1	*ut* —0
4	4	4	4	4

17° Enfin la même figure représentera à la fois tous les changements d'altérations qui peuvent avoir lieu dans la transposition. La colonne mobile contiendra les tons écrits et la colonne fixe les tons transposés. Si, par exemple, on veut transposer de *ré* mineur en *si*, on placera le *ré* vis-à-vis du *si* ; et comme les notes du ton écrit perdent leurs noms pour prendre ceux des notes du ton transposé, on avancera la colonne mobile sous la colonne fixe pour en cacher les notes, et n'en

laisser voir que les altérations. De cette manière les notes qui paraî-
tront avec deux signes semblables ne changeront pas dans la transposition, tandis que, pour celles qui auront des signes différents, ceux
de la colonne fixe seront substitués à ceux de la colonne mobile. Ainsi
dans l'exemple actuel les notes *fa, ut, sol* changent les dièses en doubles
dièses, les bécarres en dièses, les bémols en bécarres, et les doubles
bémols en bémols ; les autres notes ne changent pas d'altérations. Les
mêmes changements auront lieu toutes les fois qu'on transposera,
comme dans cet exemple, d'une sixte majeure en dessus ou d'une tierce
mineure en dessous. Le chiffre 5 de la colonne fixe qui n'a pas de
correspondant indique qu'on a transposé de trois quintes en dessus, et
que par conséquent il y a trois altérations prises dans l'ordre des dièses
à monter d'un demi-ton dans la transposition.

Autre exemple. Un morceau est en *ré* majeur ; il faut le transposer
en *sol♭*. On placera le *ré* vis-à-vis du *sol♭* ; le chiffre 8 de la colonne
mobile annonce qu'on transpose de huit quintes en dessous, et par conséquent qu'il y a huit notes prises dans l'ordre des bémols qui seront
baissées d'un demi-ton. En effet, si on avance la colonne mobile
sous la colonne fixe, pour n'en laisser voir que les altérations, on
remarquera que les *si* sont baissés de deux demi-tons et les autres
notes d'un demi-ton.

Dans ces cas difficiles pour l'exécution on peut quelquefois prendre
l'enharmonique du ton transposé. Ainsi, dans cet exemple, on peut
substituer le ton de *fa♯* à celui de *sol♭*. Alors, en disposant la figure de
manière à aligner le *ré* sur le *fa♯*, on voit qu'on transpose de quatre
quintes en dessus, et qu'il n'y a plus que les quatre notes *fa, ut, sol, ré*
à hausser d'un demi-ton. Les trois autres conservent les altérations du
ton écrit.

Tels sont les nombreux problèmes que peut résoudre cette figure.
C'est une véritable machine à calculer qui répond à toutes les questions et qui prouve que la quinte majeure est l'élément générateur de
la théorie générale des intervalles.

TROISIÈME SECTION

CHAPITRE PREMIER

Des valeurs ou durées proportionnelles des sons.

Valeurs.

§ 57. On peut dire que si le son est la matière musicale, le rhythme est l'âme de la musique, car c'est lui qui lui donne la vie. Le rhythme est l'effet cadencé produit par les diverses durées des sons. C'est l'un des deux éléments essentiels de la musique.

Rappelons-nous que l'unité de valeur est la ronde, et que les autres valeurs sont des fractions de celle-ci (§ 2). Chaque valeur se divise en deux autres, égales entre elles; de sorte que :

Une ronde	𝅝	vaut deux blanches.
Une blanche	𝅗𝅥	vaut deux noires.
Une noire	𝅘𝅥	vaut deux croches.
Une croche	𝅘𝅥𝅮	vaut deux doubles croches.
Une double croche	𝅘𝅥𝅯	vaut deux triples croches.
Une triple croche	𝅘𝅥𝅰	vaut deux quadruples croches.
Une quadruple croche	𝅘𝅥𝅱	vaut deux quintuples croches.

On conclut de ce tableau que si une ronde dure une seconde, une blanche dure une demi-seconde, une noire dure un quart de seconde, une blanche dure une demi-seconde, une croche dure un huitième de seconde, etc.

§ 58. Nous avons dit (§ 5) que chaque valeur a un silence qui lui est égal.

L'unité de silence est la pause comme la ronde est l'unité de valeur. Mais il faut remarquer que la pause s'emploie aussi pour représenter le silence total de toute mesure dont la durée est moindre que la ronde.

Il y a aussi une valeur qui égale deux rondes et qu'on appelle *carrée* ⊨. Il y a, par conséquent, un silence qui égale deux pauses

ou deux rondes ⊒ et qu'on appelle *bâton de deux pauses* ou double pause; enfin, il y a même un silence qui vaut quatre pauses ou

quatre rondes, ⊒ et qu'on appelle *bâton de quatre pauses* (15).

---

(15) Dans l'ancienne notation musicale la carrée s'appelait *brève* et tenait la troisième place dans l'ordre de grandeur. Les valeurs tiraient alors leur dénomination de leurs rapports de durée, tandis qu'aujourd'hui elles sont dénommées d'après leurs formes. C'est pour cela que la brève porte maintenant le nom de carrée. Le bâton de deux pauses était le silence de cette valeur, et le bâton de quatre pauses, celui de la *longue*, valeur double de la *brève*. Voici le tableau des anciennes valeurs comparées aux valeurs modernes.

Valeurs anciennes.	Valeurs modernes.	Silences.
Maxime ⊨	•	Point de silence, remplacé par 2 bâtons de 4 pauses.
Longue ⊨	•	Bâton de 4 pauses ⊒
Brève ⊨	Carrée ⊨	Bâton de 2 pauses ⊒
Semi-brève ◇	Ronde 𝅝	Pause ⊒
Minime ♦	Blanche 𝅗𝅥	Demi-pause ⊒

Voici le tableau des valeurs proportionnelles des notes.

Nota. En substituant aux mots :

Ronde, blanche, noire, croche, double cr., triple cr., quadruple cr., quintuple cr.

ceux de :

Pause, demi-pause, soupir, demi-soupir, $\frac{1}{4}$ de soupir, $\frac{1}{8}$ de soupir, $\frac{1}{16}$ de soupir, $\frac{1}{32}$ de soupir,

ce tableau deviendrait celui des silences. Le signe $=$ signifie *égale* ou *vaut*.

EXEMPLE 66.

Ronde	Blanches	Noires	Croches	Double Cr.	Trip. Cr.	Quad. Cr.	Quint. Cr.
1 =	2 =	4 =	8 =	16 =	32 =	64 =	128
	1 =	2 =	4 =	8 =	16 =	32 =	64
		1 =	2 =	4 =	8 =	16 =	32
			1 =	2 =	4 =	8 =	16
				1 =	2 =	4 =	8
					1 =	2 =	4
						1 =	2

Nota. La quintuple croche est peu usitée.

Point d'aug-
mentation.

§ 59. On peut aussi diviser les valeurs en trois parties. Pour obtenir cette division on met un point à la suite de la note. Exemple ♩·. Ce point sert à augmenter de moitié la valeur de la note. De sorte qu'une ronde pointée vaut une ronde et demie ou trois blanches ; une blanche pointée vaut une blanche et demie ou trois noires, et ainsi de suite. D'où l'on conclut qu'un point placé après une ronde vaut la moitié d'une ronde ou une blanche ; après une blanche il vaut la moitié d'une blanche ou une noire; et en général *le point est égal à la moitié de la valeur après laquelle il est placé.* Il se place aussi après les silences, mais plus rarement; enfin il peut même suivre un autre point; dans ce cas il vaut la moitié du précédent.

Voici le tableau des valeurs pointées.

EXEMPLE 67.

Ronde	Blanches	Noires	Croches	Doubles Cr.	Trip. Cr.	Quad. Cr.
1 𝅝. =	3 =	6 =	12 =	24 =	48 =	96
	1 𝅗𝅥. =	3 =	6 =	12 =	24 =	48
		1 ♩. =	3 =	6 =	12 =	24
			1 ♪. =	3 =	6 =	12
				1 ♪. =	3 =	6
					1 ♪. =	3

CHAPITRE II.

Des mesures.

§ 40. La mesure est la division en parties égales du temps pendant lequel les sons se font entendre. Ces parties se nomment elles-mêmes *mesures* et sont d'une durée assez courte pour que l'oreille puisse apprécier l'égalité de leurs retours. Une mesure qui dure dix à douze secondes est très longue ; la mesure la plus courte dure moins d'une demi-seconde.

Définition de la mesure.

Durée des mesures.

Pour faciliter la lecture on sépare les mesures les unes des autres par des lignes verticales qu'on appelle *barres de séparation.*

Barres de séparation.

EXEMPLE 68.

L'égalité est l'essence de la mesure. Il suit de là que toutes les mesures qui se succèdent dans un morceau de musique sont de même durée, quel que soit le nombre de notes qu'elles renferment.

Des temps et de leurs parties.

§ 41. Une mesure se divise en deux ou trois parties égales qu'on appelle *temps*. Les temps se divisent à leur tour en deux ou en trois parties qu'on appelle *divisions* des temps. Enfin ces dernières parties se divisent toujours en deux moitiés qu'on appelle *subdivisions* des temps. Comme la musique n'emploie que ces deux sortes de parties, il n'y a donc que deux systèmes rhythmiques : le système binaire et le système ternaire.

Ces deux systèmes, appliqués à la division des mesures et des temps, donnent par leurs combinaisons les quatre formes suivantes :

Mesure binaire { à temps binaires, à temps ternaires.

Mesure ternaire { à temps binaires, à temps ternaires.

Temps forts et temps faibles.

Le premier temps étant le plus marqué, parce qu'il sert à indiquer le retour de la mesure, s'appelle temps fort. Les autres sont des temps faibles. De sorte que, dans une mesure à deux temps, le premier est fort, le second faible, et que, dans une mesure à trois temps, le premier est fort et les deux autres faibles. La même propriété existe pour les divisions des temps : lorsque le temps est divisé en deux parties, la première est forte et la seconde faible, et lorsqu'il est divisé en trois parties, la première est forte et les deux autres faibles. Enfin, les divisions des temps se partageant toujours en deux moitiés, la première est forte et la seconde est faible.

Mesures simples et composées.

§ 42. On classe les mesures en mesures simples et mesures composées. Les mesures simples sont celles dont les temps sont binaires ; les mesures composées celles dont les temps sont ternaires. Voici le tableau des quatre formes de mesures avec leurs divisions en temps et parties de temps.

EXEMPLE 69.

			1		Mesure,
Mesure simple	à deux temps.	1		2	temps,
		1 2		1 2	demi-temps.
			1		Mesure,
	à trois temps.	1	2	3	temps,
		1 2	1 2	1 2	demi-temps.

			1		Mesure,
Mesure composée	à deux temps.	1		2	temps,
		1 2 3		1 2 3	tiers de temps.
			1		Mesure,
	à trois temps.	1	2	3	temps,
		1 2 3	1 2 3	1 2 3	tiers de temps.

§ 45. On indique la valeur d'une mesure par une fraction dont l'unité est la ronde. La ronde étant l'unité de durée, et les autres valeurs des parties de celle-là, on représente la ronde par le dénominateur 1, et les valeurs moindres par les chiffres 2, 4, 8, 16 qui signifient : moitié, quart, huitième et seizième de la ronde. De sorte que, pour indiquer qu'une mesure est composée de trois noires, on écrit $\frac{3}{4}$, ce qui signifie trois quarts de rondes ou trois noires : pour indiquer une mesure composée de six croches, on écrit $\frac{6}{8}$, ce qui signifie six huitièmes de ronde ou six croches. On prononce : *mesure à trois-quatre, mesure à six-huit,* et ainsi des autres. Cette indication se place à côté de la clef et à la suite des dièses ou des bémols du ton.

Chacune des quatre formes de mesures dont nous avons parlé dans le paragraphe précédent peut se remplir de quatre manières différentes; on les nomme *mesures doubles, mesures primordiales, mesures courantes et mesures brèves.* Nous allons former les quatre mesures primordiales et nous en déduirons facilement les autres.

Manière de marquer la mesure.

Différentes valeurs des mesures.

La mesure simple à deux temps primordiale se remplit d'une ronde; les temps sont des blanches, et les parties de temps ou divisions sont des noires. On devrait la marquer par la fraction $\frac{2}{2}$ qui signifierait deux moitiés de ronde ou deux blanches; mais on est dans l'usage de la marquer par un 2 seul, ou par C ou $\mathrm{\mathbb{C}}$, ou par un 4.

On peut en représenter la composition par cette figure :

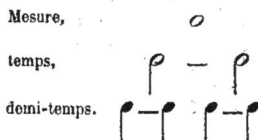

Mesure,

temps,

demi-temps.

La mesure simple à trois temps primordiale se remplit d'une ronde pointée; les temps sont des blanches et les divisions des temps sont des noires. On la marque par la fraction $\frac{3}{2}$ qui signifie trois moitiés de rondes ou trois blanches. On peut en représenter la composition par cette figure :

Mesure,

temps,

demi-temps.

La mesure composée à deux temps primordiale se remplit d'une ronde pointée; les temps sont des blanches pointées, et les divisions des noires. On la marque par la fraction $\frac{6}{4}$ qui signifie six quarts de rondes ou six noires. On peut en représenter la composition par cette figure :

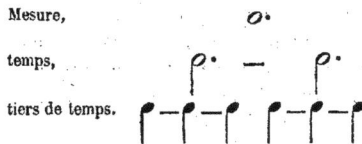

Mesure,

temps,

tiers de temps.

La mesure composée à trois temps primordiale se remplit d'une ronde pointée plus une blanche pointée; les temps sont des blanches pointées et les divisions des noires. On la marque par la fraction $\frac{9}{4}$ qui signifie neuf quarts de rondes ou neuf noires. On peut en représenter la composition par cette figure :

Mesure,

temps,

tiers de temps.

Il est facile de connaître la composition des mesures doubles, courantes et brèves lorsqu'on connaît celle des mesures primordiales. Les mesures doubles sont ainsi nommées parce qu'elles ont une durée double de celle des mesures primordiales. Il suffira donc, pour avoir le contenu des mesures doubles, de doubler les valeurs des mesures primordiales, c'est-à-dire de mettre des carrées à la place des rondes, des rondes à la place des blanches, des blanches à la place des noires, etc. *Mesures doubles.*

Les mesures courantes sont moitié des mesures primordiales : on aura donc le contenu des mesures courantes en remplaçant les valeurs des mesures primordiales par les moitiés de ces valeurs, c'est-à-dire en mettant des blanches à la place des rondes, des noires à la place des blanches, des croches à la place des noires, etc. *Mesures courantes.*

Enfin les mesures brèves sont le quart des mesures primordiales ; on formera donc les mesures brèves en réduisant au quart les valeurs des mesures primordiales, c'est-à-dire en remplaçant les rondes par des noires, les blanches par des croches, etc. *Mesures brèves.*

Les fractions indicatrices ne seront pas plus difficiles à trouver; *Chiffres indicateurs.*

car, sachant que les quatre mesures primordiales sont marquées par les fractions $\frac{2}{2}$ $\frac{3}{2}$ $\frac{6}{4}$ $\frac{9}{4}$,

	simples binaires	simples ternaires	composées binaires	composées ternaires
Les mesures doubles seront marquées par les fractions	$\frac{2}{1}$	$\frac{3}{1}$	$\frac{6}{2}$	$\frac{9}{2}$
Les mesures primordiales par les fractions	$\frac{2}{2}$ ou 2	$\frac{3}{2}$	$\frac{6}{4}$	$\frac{9}{4}$
Les mesures courantes par les fractions	$\frac{2}{4}$	$\frac{3}{4}$	$\frac{6}{8}$	$\frac{9}{8}$
Les mesures brèves par les fractions	$\frac{2}{8}$	$\frac{3}{8}$	$\frac{6}{16}$	$\frac{9}{16}$

Remarquez que les mesures à deux temps ont pour numérateurs 2 ou 6, et les mesures à trois temps 3 ou 9. Remarquez aussi que dans les mesures simples les dénominateurs indiquent la valeur des temps, et dans les mesures composées la valeur des divisions des temps.

Toutes ces mesures peuvent se rencontrer dans la musique, mais les plus usitées sont : la mesure primordiale à deux temps, marquée $\frac{2}{2}$ dans notre tableau, les mesures courantes $\frac{2}{4}$ $\frac{3}{4}$ $\frac{6}{8}$ $\frac{9}{8}$, et la mesure brève à $\frac{3}{8}$. Les mesures primordiales $\frac{3}{2}$ $\frac{6}{4}$ $\frac{9}{4}$ ainsi que les quatre mesures doubles sont plus usitées dans la musique ancienne que dans la moderne. On voit qu'il y a en tout seize mesures donnant seulement quatre formes rhythmiques différentes (16).

(16) C'est donc à tort que les musiciens ont créé une mesure à quatre temps, car cette mesure ne diffère en rien de la mesure à deux temps. Il dépend de la volonté d'un exécutant de transformer en une mesure à quatre temps toute mesure simple à deux temps, quelles que soient les valeurs qui la composent, en comptant les noires au lieu des blanches, ou les croches au lieu des noires. Cette transformation a lieu ordinairement dans les mouvements lents ou modérés. C'est ainsi qu'on compte quelquefois six croches au lieu de deux noires pointées dans la mesure à $\frac{6}{8}$, et six croches au lieu de trois noires dans la mesure à $\frac{3}{4}$. Ces sortes de transformations purement facultatives ne changent rien à la nature de la mesure. Mais si, d'une part, les musiciens se sont étendus sur la mesure simple à quatre temps qui n'existe pas, ils n'ont rien dit sur la formation des véritables mesures à quatre, à huit, et à six temps, qu'on rencontre quelquefois dans la musique. Nous allons réparer cette omission dans le paragraphe 44.

Il faut remarquer que ces quatre notations d'une même forme
rhythmique ne diffèrent que pour les yeux et sont complétement identiques pour l'oreille. Il y a donc là quatre manières d'écrire où une
seule suffirait, et pour le lecteur un travail qui pourrait se réduire au
quart sans aucun inconvénient. Les quatre mesures courantes qui
sont les plus usitées rempliraient à elles seules toutes les conditions,
ou mieux encore les quatre mesures primordiales, parce qu'en partant d'une valeur plus longue on s'étendrait moins loin dans les valeurs
fractionnaires. Mais n'espérons pas que les musiciens opèrent une
réforme si simple; ils chérissent trop leurs erreurs.

Voici le tableau détaillé des seize mesures de la musique :

EXEMPLE 70.

Tableau général des mesures.

12

Mesures par
réunion.

§ 44. Il suffit du caprice d'un compositeur pour créer en apparence
des mesures nouvelles, bien qu'en réalité elles ressortent toutes de
celles que nous avons fait connaître. Nous les nommerons mesures par
réunion.

1er *exemple.* Si l'on supprime la barre qui sépare deux mesures à
$\frac{6}{8}$ consécutives, on aura une seule mesure qui, au lieu de deux noires
pointées, en renfermera quatre. Cette mesure, formée de deux mesures
à deux temps, deviendra une véritable mesure à quatre temps dont le
chiffre indicateur sera $\frac{12}{8}$, c'est-à-dire deux fois $\frac{6}{8}$.

EXEMPLE 71.

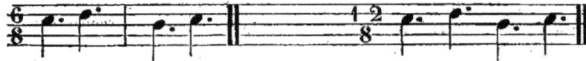

2e *exemple.* Si on réunit en une seule mesure quatre mesures
consécutives à $\frac{6}{16}$, on aura huit croches pointées au lieu de deux ;
par conséquent une véritable mesure à huit temps que l'on marquera
$\frac{24}{16}$, c'est-à-dire quatre fois $\frac{6}{16}$.

EXEMPLE 72.

3e *exemple.* On pourrait de même réunir trois mesures à $\frac{6}{16}$
pour en former une seule qui deviendrait ainsi une mesure à six
temps marquée $\frac{18}{16}$.

EXEMPLE 73.

$$\frac{6}{16}$$ [notation musicale] $$\frac{18}{16}$$ [notation musicale]

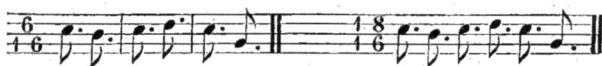

4ᵉ *exemple*. Deux mesures à $\frac{9}{16}$ pourraient également former une mesure à six temps marquée $\frac{18}{16}$.

EXEMPLE 74.

$$\frac{9}{16}$$ [notation musicale] $$\frac{18}{16}$$ [notation musicale]

On remarquera que dans ces deux cas le chiffre $\frac{18}{16}$ devient insignifiant, puisqu'il indique indifféremment trois mesures à $\frac{6}{16}$ ou deux mesures $\frac{9}{16}$. Nous donnons à la fin de la note 17 un moyen de remédier à cette confusion.

Enfin, il ne serait pas impossible de former une mesure à $\frac{27}{16}$ par la réunion de trois mesures à $\frac{9}{16}$, ce qui donnerait une mesure à neuf temps. Ces mesures, à l'exception de la mesure à $\frac{12}{8}$, sont fort rares et assurément tout à fait inutiles; mais il était bon de faire connaître la loi de leur formation pour faire prévoir aux élèves tous les cas qui peuvent se présenter.

Nous ne terminerons pas cette théorie sans parler d'une mesure qui apporterait de grands changements dans le rhythme musical, si elle était adoptée ; mais cette mesure étant restée à l'état d'essai, nous en ferons simplement l'objet d'une note (17).

CHAPITRE III.

Des Triolets.

Définition du triolet.

§ 45. Nous avons dit (§ 44) que les divisions des temps se partagent toujours en deux subdivisions : il y a pourtant des cas où les divisions des temps se partagent en trois parties. Par exemple, dans la mesure à six-huit, les divisions des temps sont des croches ; ces cro-

---

(17) On a essayé du rhythme quinquennaire, mais jusqu'à présent cet essai n'a pas été heureux. Il paraît peu probable que ce rhythme puisse jamais s'établir à cause de la difficulté que nous éprouverons toujours à le sentir. On sait quel travail il faut faire pour se rendre complétement maître de la mesure dans les deux systèmes usités, et il est permis de douter que les artistes parviennent à posséder au même degré la mesure quinquennaire. Nous regardons surtout comme impossible que le public amateur puisse jamais en saisir la cadence. Cependant, comme de nouvelles tentatives pourraient être faites, et que de fausses idées ont déjà été émises sur la mesure à cinq temps, nous croyons devoir en faire connaître ici les véritables bases.

On connaît quelques morceaux à cinq temps de Clementi, Catel, Reicha et Boieldieu. Catel surtout nous semble avoir commis une grande erreur en voulant considérer la mesure à cinq temps comme formée de la réunion d'une mesure à deux temps et d'une mesure à trois temps. Il en résulterait deux temps forts revenant à des intervalles inégaux, ce qui est contraire à *l'essence* même de la mesure, laquelle réside non-seulement dans l'égalité des temps, mais encore dans l'isochronisme des retours du temps fort. La mesure quinquennaire est une mesure *sui generis*, comme la mesure binaire et la mesure ternaire, et ne peut trouver son origine ni dans l'un ni dans l'autre de ces deux systèmes. Dans cette mesure, comme dans les autres, le premier temps est le seul fort, les quatres autres sont faibles.

Nous avons vu § 44 que les rhythmes binaire et **ternaire** donnent quatres espèces

ches, au lieu de se diviser en deux doubles croches, peuvent se diviser en trois. Ces groupes de trois notes se nomment *triolets*. Ils ont la

de mesures; l'introduction du rhythme quinquennaire et sa combinaison avec les deux autres en donneraient neuf; savoir :

Mesure binaire	à temps binaires.
	à temps ternaires.
	à temps quinquennaires.
Mesure ternaire	à temps binaires.
	à temps ternaires.
	à temps quinquennaires
Mesure quinquennaire	à temps binaires.
	à temps ternaires.
	à temps quinquennaires.

Nos signes de valeurs se prêteraient difficilement à la notation de ces mesures; mais la route de l'analogie nous fera remarquer que, si le point peut rendre ternaires les valeurs simples, un signe de convention pourrait aussi les rendre quinquennaires : par exemple une petite ligne — placée à la suite de la note. Ainsi, la ronde simple o vaut deux blanches, la ronde pointée o· trois blanches, la ronde *lignée* o— vaudrait cinq blanches. La blanche simple ρ vaut deux noires, la blanche pointée ρ· trois noires, la blanche lignée ρ— vaudrait cinq noires, et ainsi des autres. D'après cette supposition voici le tableau détaillé des neuf mesures primordiales.

même valeur que les deux notes qu'ils remplacent. Toutes les valeurs plus petites que les subdivisions des temps peuvent également se grou-

En suivant la méthode ordinaire on formerait ainsi le tableau des fractions in-dicatrices :

	t. b.	t. t.	t. q.
m. b.	$\frac{2}{2}$	$\frac{6}{4}$	$\frac{10}{4}$
m. t.	$\frac{3}{2}$	$\frac{9}{4}$	$\frac{15}{4}$
m. q.	$\frac{5}{2}$	$\frac{15}{4}$	$\frac{25}{4}$

Mais on remarquera qu'il y a dans ce tableau deux mesures de rhythmes diffé-rents qui portent le chiffre $\frac{15}{4}$. Pour éviter cet inconvénient on pourrait indiquer la mesure ternaire à temps quinquennaires par l'expression $3.\frac{5}{4}$, ce qui signifie trois fois cinq quarts de ronde, ou trois temps de cinq noires ; et la mesure quin-quennaire à temps ternaires par l'expression $5.\frac{3}{4}$ qui signifie cinq fois trois quarts de ronde, ou cinq temps de trois noires. On pourrait même, pour plus de clarté et de régularité, appliquer la même méthode à toutes les mesures à temps ter-naires et quinquennaires, comme on le voit dans le tableau suivant. De cette ma-nière, le chiffre suivi d'un point indique le nombre des temps et la fraction qui le suit en indique la composition.

	t. b.	t. t.	t. q.
m. b.	$\frac{2}{2}$	$2.\frac{3}{4}$	$2.\frac{5}{4}$
m. t.	$\frac{3}{2}$	$3.\frac{3}{4}$	$3.\frac{5}{4}$
m. q.	$\frac{5}{2}$	$5.\frac{3}{4}$	$5.\frac{5}{4}$

per en triolets. Pour ne pas confondre ces valeurs exceptionnelles avec les autres, on les marque d'un 3.

EXEMPLE 75.

Divisions.   Subdivisions.   Triolets de croches.

Triolets de doubles croches.

EXEMPLE 76.

Temps.   Divisions.   Subdivisions.

Triolets

D'où nous pouvons d'abord conclure que :

Dans les mesures doubles, c'est-à-dire à $\frac{2}{1}$ $\frac{3}{1}$ $\frac{6}{2}$ et $\frac{9}{2}$, les subdivisions étant des noires, les triolets peuvent être formés de noires ou de valeurs plus petites.

Dans les mesures primordiales, c'est-à-dire à $\frac{2}{2}$ $\frac{3}{2}$ $\frac{6}{4}$ et $\frac{9}{4}$, les subdivisions étant des croches, les triolets peuvent être formés de croches ou de valeurs plus petites.

Dans les mesures courantes, c'est-à-dire à $\frac{2}{4}$ $\frac{3}{4}$ $\frac{6}{8}$ et $\frac{9}{8}$, les sub-

Emploi régulier des triolets.

divisions étant des doubles croches, les triolets peuvent être formés de doubles croches ou de valeurs plus petites.

Dans les mesures brèves, c'est-à-dire à $\frac{2}{8}$ $\frac{3}{8}$ $\frac{6}{16}$ et $\frac{9}{16}$, les subdivisions étant des triples croches, les triolets peuvent être formés de triples croches ou de valeurs plus petites.

Exceptions et irrégularités. § 46. Cependant il ne faut pas croire que les choses se passent toujours aussi régulièrement. Quelquefois les divisions des temps qui caractérisent la mesure se transforment elles-mêmes en triolets : cela arrive fréquemment dans les mesures simples. Il est évident que cela ne peut pas avoir lieu dans les mesures composées, puisque dans celles-ci les temps sont naturellement ternaires. Ces altérations ont pour résultat de transformer les temps binaires en temps ternaires, et par conséquent de changer la nature de la mesure. Par exemple, si dans la mesure à deux-quatre on fait entrer trois croches dans les temps au lieu de deux, on change la mesure simple à $\frac{2}{4}$ en mesure composée à $\frac{6}{8}$; si pareillement pour la mesure à trois-huit on fait entrer trois doubles croches dans les temps au lieu de deux, on en fait une véritable mesure à $\frac{9}{16}$. Si ces altérations se rencontrent passagèrement dans un morceau de musique, ce sont des mesures composées qui s'intercalent parmi des mesures simples ; mais il arrive souvent que la division ternaire des temps remplace la division binaire pendant toute la durée du morceau, comme dans cet exemple :

EXEMPLE 77.

qui représente rigoureusement une mesure à neuf-huit Si donc on indiquait et on écrivait ce morceau à $\frac{9}{8}$ comme il suit :

tout rentrerait dans l'ordre. Voilà comme les musiciens mettent à tout moment la confusion là où la clarté régnerait si naturellement.

§ 47. Chacune des notes d'un triolet se divise, comme toutes les autres valeurs, en deux moitiés. Par exemple, dans le passage suivant, chaque croche des triolets de la basse égale deux doubles croches de la première partie. Il en résulte un groupe de six doubles croches qui prend le nom de *sixtiolet*.

Des sixtiolets.

EXEMPLE 78

L'effet rhythmique de ce passage est très différent de celui du passage suivant :

13

EXEMPLE 79.

puisque dans ce dernier les croches de la basse égalent chacune trois doubles croches de la première partie. Ces deux exemples donnent donc deux rhythmes différents. Dans l'exemple 78 les doubles croches n'étant pas groupées par trois ne sont pas des triolets : seulement elles sont engendrées par un triolet de croches. Dans l'exemple 79, où elles sont groupées par trois, elles forment des triolets. Plusieurs auteurs ont proposé de donner aux doubles croches de l'exemple 78 le nom de *sixtiolets*. Pour ne pas confondre les sixtiolets avec les triolets, on devrait toujours marquer les premiers d'un 6 et les autres d'un 5. Mais les musiciens donnent encore ici une nouvelle preuve de leur négligence en marquant également d'un 6 le sixtiolet ou deux triolets de suite.

EXEMPLE 80.

On voit bien dans cet exemple qu'il y a six doubles croches par noire ; en cela le 6 est inutile. La question est de savoir si on doit voir dans ces six notes deux groupes de trois ou trois groupes de deux, c'est-à-dire un sixtiolet ou deux triolets ; et comme malheureusement la même indication sert souvent pour les deux cas, l'exécutant ne sait quel parti prendre; et s'il n'est pas éclairé par quelque circonstance accidentelle, il ne lui reste d'autre moyen que d'aller demander à l'auteur quelle a été son intention.

CHAPITRE IV.

Des Syncopes et des Contre-Temps.

§ 48. Dans l'ordre ordinaire, les notes commencent au temps fort ou à la partie forte du temps, et finissent au temps faible ou à la partie faible du temps. (Nous prévenons que dans ce chapitre toutes les fois que nous dirons temps fort et temps faible, il faut entendre aussi partie forte et partie faible du temps.) C'est l'inverse de cette disposition qui constitue la syncope : *Une syncope est une note qui commence par la partie faible et se termine par la partie forte.* Une valeur pouvant se diviser en deux ou en trois parties, il y a des syncopes binaires et des syncopes ternaires. Occupons-nous d'abord des syncopes binaires.

Définition de la syncope.

En général, dans une note de valeur quelconque, divisible en deux parties, la partie forte est de rang impair et la partie faible de rang pair. Par exemple, dans la mesure simple primordiale à deux temps, les deux blanches commencent aux première et troisième noires et se terminent aux deuxième et quatrième; les quatre noires commencent aux première, troisième, cinquième et septième croches, et se terminent aux deuxième, quatrième, sixième et huitième. Les notes syncopées suivant un ordre inverse, nous en conclurons : 1° que dans les mesures binaires, une note qui commence au second temps et finit au premier de la mesure suivante est une syncope; 2° que dans les temps binaires une note qui commence à la seconde division et finit à la première du temps suivant est une syncope; 3° que toute note divisible en deux parties égales qui commence par la partie paire de sa valeur et finit par la partie impaire est une syncope.

Syncopes binaires

EXEMPLE 81.

2 1 2 1 2 1 2 1 2 1 2 1

Dans cet exemple les rondes commencent au deuxième temps et finissent au premier. Cette manière de noter, qui était en usage autrefois, représente parfaitement le déplacement des rondes; mais aujourd'hui, pour rendre la lecture plus facile et plus sûre, on décompose la note syncopée en deux lorsqu'elle enjambe comme ici sur la mesure suivante, et on joint les deux parties composantes par un trait courbé ⌒ qu'on appelle *liaison,* pour indiquer que ces deux notes n'en font qu'une.

EXEMPLE 82.

2 1 2 1 2 1 2 1 2 1 2 1

On voit que la syncope produit un effet de contre-temps qui devient plus sensible à mesure que le mouvement s'accélère.

EXEMPLE 83.

Vite.

Syncopes brisées. Dans ces exemples les syncopes sont dites régulières, parce qu'elles sont composées de deux parties égales; elles peuvent aussi se composer de deux parties inégales, et alors on les appelle *syncopes brisées*.

EXEMPLE 84.

EXEMPLE 85.

§ 49. La syncope ternaire commence, comme la syncope binaire, au temps faible et se termine au temps fort ; mais comme dans toute valeur ternaire la première partie est forte et les deux autres faibles, on peut établir que dans les mesures ternaires la syncope commence au deuxième ou au troisième temps et finit au premier de la mesure suivante, et que dans les temps ternaires la syncope commence à la deuxième ou à la troisième division et finit à la première du temps suivant. *Syncopes ternaires.*

EXEMPLE 86.

Au deuxième temps.

EXEMPLE 87.

Au troisième temps.

Les syncopes à trois temps produisent quelquefois des effets de contre-temps très variés.

EXEMPLE 88.

Contre-temps.

Lorsque des notes frappent sur le temps faible sans se prolonger sur le temps fort, ce ne sont pas des syncopes, mais de simples *contre-temps*.

EXEMPLE 89.

À 2 temps.

EXEMPLE 90.

À 3 temps.

Tenues.

On voit que les contre-temps peuvent être assimilés aux syncopes et qu'ils ont à peu près le même effet; mais si on a bien compris nos explications, on ne confondra pas avec les syncopes les notes prolongées de l'exemple suivant qui commencent sur le temps fort. On les appelle des *tenues*.

EXEMPLE 91.

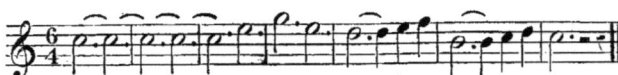

CHAPITRE V.

De la manière de battre la mesure et du métronome.

§ 50. Les temps et leurs divisions s'indiquent dans l'exécution par des mouvements de la main : c'est ce qu'on appelle battre la mesure. Comme la combinaison des rhythmes binaire et ternaire donne quatre formes de mesure (§ 41), il faut qu'il y ait quatre manières de battre la mesure.

Dans toutes les mesures la main descend pour marquer le premier temps : c'est le temps frappé ; et se lève pour marquer le dernier, qui est le temps levé. Dans les mesures à trois temps, le deuxième temps s'indique en portant la main à droite. Les divisions se marquent par des mouvements plus petits qu'on répète à la place où se trouve la main à chaque temps. Voici les figures qui représentent ces quatre manières de battre la mesure :

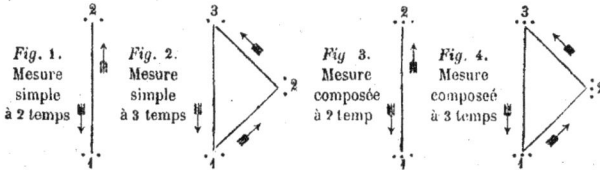

Fig. 1. Mesure simple à 2 temps — *Fig. 2.* Mesure simple à 3 temps — *Fig 3.* Mesure composée à 2 temp — *Fig. 4.* Mesure composeé à 3 temps

On n'indique les divisions que dans les mouvements lents ; et dans ce cas, pour la mesure simple à deux temps en particulier, il est d'usage de marquer les divisions par quatre gestes distincts comme on le voit par cette figure : C'est cette manière de battre qui a fait don- ner à cette mesure le nom de mesure à quatre temps (voyez note 16).

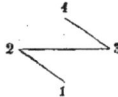

Avis. Pour bien battre la mesure, il faut que les gestes se fassent sans gaucherie ; que la main passe rapidement d'un temps à l'autre, et qu'elle stationne pendant toute la durée du temps à la place où elle se trouve. Il est important que les élèves battent la mesure quand ils solfient, ou qu'ils comptent leurs temps à haute voix quand ils jouent du piano ou de quelque autre instrument qui ne s'y oppose pas. L'habitude de battre avec bruit doit être sévèrement réprimée ; rien n'est plus désagréable à entendre. Il faut même peu à peu supprimer tout mouvement extérieur et se borner à sentir la mesure en soi-même, comme font tous les bons musiciens.

§ 51. On sait que, pour indiquer le degré de vitesse ou *mouvement* d'un morceau de musique, on se sert de termes tirés de la langue italienne, comme *adagio, moderato, presto,* qui signifient *lent, modéré, vite.* Mais la vérité est que ces mots n'indiquent ni ne peuvent indiquer rien de précis, et qu'ils ne sont que des données vagues à l'aide desquelles l'exécutant devine à peu près l'intention du compositeur, s'il a un sentiment convenable de la musique. Il n'appartenait qu'à la mécanique de venir au secours de la musique par la construction d'un instrument au moyen duquel le compositeur pût fixer son mouvement et le transmettre aux exécutants dans tous les lieux et dans tous les temps. Ce problème a été résolu de la manière la plus heureuse par Maëlzel qui inventa en 1815 le *métronome.* Cet instrument est assez connu pour que nous n'ayons pas besoin d'en donner la description. Nous nous bornerons à en faire connaître l'usage.

La principale pièce de cet instrument est un balancier dont la tige se prolonge par en haut. Sur cette partie de la tige est attaché un contre-poids mobile qui ralentit ou accélère les oscillations, selon qu'il est placé plus haut ou plus bas. Derrière le balancier se trouve une échelle numérotée. Pour avoir une unité de temps absolue, l'auteur a choisi la minute ; de sorte que le numéro auquel le contre-poids est aligné indique le nombre de coups que frappe le métronome dans une minute. Par exemple, le contre-poids étant placé à la hauteur du n° 50 fait entendre cinquante coups par minute ; au n° 60 il bat des soixantièmes de minute, etc. Le compositeur qui veut marquer son mouvement inscrit devant le numéro la valeur qui sert de temps à la mesure. Ainsi les indications $\rho = 80$, $\rho = 120$, $\rho \cdot = 104$, signi-

(marginal note:) Mouv. ments.

fient littéralement blanche égale 80, noire égale 120, noire pointée égale 104; ou, en d'autres termes, que le n° 80 donne le mouvement des blanches, le n° 120 celui des noires, le n° 104 celui des noires pointées.

L'échelle s'étend jusqu'au n° 208; c'est plus qu'il ne faut pour les mouvements animés; mais elle ne commence qu'au n° 40, et ce n'est pas assez pour les mouvements lents. Nous allons en donner la preuve.

Dans une mesure à $\frac{3}{4}$ très lente, il arrive quelquefois que les croches se présentent à l'état ordinaire et à l'état de triolets : on ne peut donc pas prendre les croches pour temps; on est obligé de se servir des noires pour avoir une valeur uniforme, et cette valeur est trop lente pour être donnée par le métronome. Il faudrait dans ce cas remonter au moins jusqu'au n° 50. Nous émettons le vœu que M. Wagner neveu, qui fait d'excellents métronomes, enrichisse l'instrument de cette amélioration.

Il est important de remarquer qu'un morceau de musique ne peut pas se soumettre ton entier à la rigueur du métronome : il y a des passages qui demandent à être un peu pressés, d'autres qui veulent être ralentis. Cependant les élèves feront bien de se servir d'abord du métronome pendant toute la durée d'un morceau : c'est le meilleur moyen d'acquérir le sentiment parfait de la mesure. Alors quand ils veulent l'éxecuter sans métronome avec toutes les nuances et toutes les modifications de mouvement que le goût exige, ils sont sûrs de le faire dans des limites convenables. *Usage du métronome.*

Notre tâche est terminée. Nous omettons avec intention les signes et les termes qui servent à indiquer l'expression, les agréments, les abréviations, les reprises et renvois, etc. Ces choses, qu'un livre explique toujours mal, s'apprennent très facilement à la leçon. D'ailleurs notre but unique était de faire connaître la vraie théorie des principes de la musique et de l'établir sur le raisonnement le plus rigoureux. Nous avons fait tous nos efforts pour y parvenir; nous devons donc nous arrêter ici. Cependant les élèves ne doivent pas s'en tenir là : il faut qu'ils joignent la pratique à la théorie, car la pratique c'est l'art même. Le solfége est l'exercice le plus utile auquel ils puissent se livrer pour devenir bons musiciens. Cette étude, commencée de bonne heure et prolongée longtemps, leur fera acquérir la *Conclusion.*

14

faculté de saisir facilement les rapports des sons dans leurs combinaisons les plus compliquées ; faculté que l'éducation peut porter à un point extraordinaire, et qui fait pour ainsi dire de l'oreille du musicien un sixième sens.

QUESTIONNAIRE

SERVANT DE TABLE DES MATIÈRES.

PREMIÈRE SECTION

DES SIGNES QUI SERVENT A ÉCRIRE LA MUSIQUE.

CHAPITRE PREMIER.

Des signes qui servent à indiquer l'intonation et la durée des sons.

CHAPITRE II.

Des Clefs.

CHAPITRE III.

Du ton et du demi-ton. Des signes d'altération.

DEUXIÈME SECTION

DES SONS COMPARÉS ENTRE EUX.

CHAPITRE PREMIER.

Théorie des intervalles.

CHAPITRE II.

De la génération des dièses et des bémols.

CHAPITRE III.

Des Tons.

CHAPITRE IV.

Des Modes

CHAPITRE V.

Des Genres.

CHAPITRE VI.

De la Transposition.

CHAPITRE VII.

TROISIÈME SECTION

DU RHYTHME.

CHAPITRE PREMIER.

Des valeurs ou durées proportionnelles des sons [1].

(1) Repassez les § 2 et 3.

CHAPITRE II.

Des Mesures.

CHAPITRE III.

Des Triolets.

CHAPITRE IV.

Des syncopes et des contre-temps.

CHAPITRE V.

De la manière de battre la mesure, et du Métronome.

FIN.

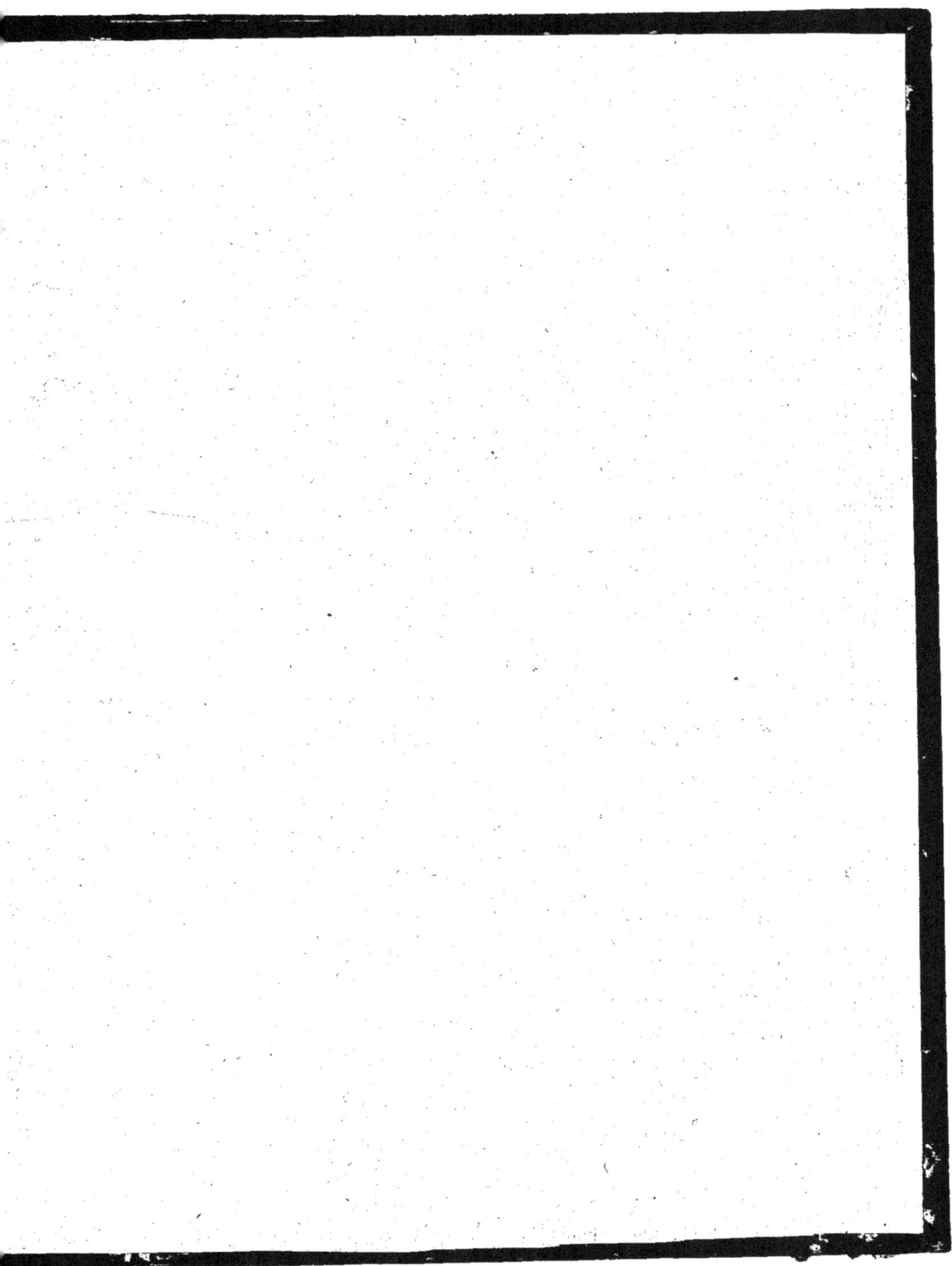

www.ingramcontent.com/pod-product-compliance
Lightning Source LLC
Chambersburg PA
CBHW071811090426
42737CB00012B/2043